VOYAGES
EN ORIENT.

PARIS. — IMPRIMERIE DE GAULTIER-LAGUIONIE,
HOTEL DES FERMES.

VOYAGES EN ORIENT,

ENTREPRIS

PAR ORDRE DU GOUVERNEMENT FRANÇAIS,

DE L'ANNÉE 1821 A L'ANNÉE 1829,

PAR V. FONTANIER,

ANCIEN ÉLÈVE DE L'ÉCOLE NORMALE, MEMBRE DE LA SOCIÉTÉ DE GÉOGRAPHIE,

Tros Tyriusve mihi nullo discrimine agetur.
VIRGILE.

Constantinople, Grèce.

ÉVÉNEMENTS POLITIQUES DE 1827 A 1829.

PARIS,

LIBRAIRIE UNIVERSELLE,

DE P. MONGIE AINÉ,

BOULEVART DES ITALIENS, N° 10.

1829.

VOYAGES EN ORIENT.

CONSTANTINOPLE, GRÈCE,

ÉVÉNEMENTS POLITIQUES DE 1827 A 1829.

CHAPITRE PREMIER.

DÉPART POUR CONSTANTINOPLE EN 1821. — MALTE. — TÉNÉDOS. — TROUPES TURQUES. — PHÉNOMÈNE DE MIRAGE. — MARINE MILITAIRE DES TURCS. — ARRIVÉE A CONSTANTINOPLE.

J'ai vu deux fois la capitale de l'ancien monde, et deux fois je m'y suis trouvé après ces commotions violentes qui changent la face des empires; l'une était la révolution grecque, l'autre la destruction des janissaires.

Je m'étais embarqué à Marseille, le 10 octobre 1821, sur un trois-mâts Ragusais;

poussés par des vents favorables, nous avions côtoyé la Corse et la Sardaigne, et après quelques jours nous comptions entrer à Malte; malheureusement un gazetier de Marseille avait imprimé que la fièvre jaune faisait des ravages dans cette ville, et on ne nous permit pas l'entrée du port. Ce fut avec de grandes précautions qu'on laissa le capitaine remplir quelques formalités relatives à son passe-port; quant à nous, nous dûmes rester à la cape, et attendre le retour de la barque que nous avions envoyée à terre. Au nord nous voyions la Sicile couronnée par le mont Etna; au sud, un horizon rougeâtre, quelques rafales d'un vent brûlant annonçaient le voisinage de la côte d'Afrique, cependant que l'île de Malte paraissait sortir de la mer, et présentait une plaine aride défendue par des remparts épais et par une artillerie formidable. Le pavillon royal d'Angleterre flottait sur la ville et sur les bastions. Les nombreux bâtiments de guerre que l'on apercevait dans le port, appartenaient à l'escadre bleue. Une foule de barques et de transports apportant de la Sicile les provisions nécessaires à ce dernier boulevart de la puissance britannique sillonnaient le canal; ils étaient remplis de passagers qui se rendaient d'une île à l'autre.

Il y a dans le canal entre Malte et la Sicile un courant constant qui porte à l'est, et qui est à peu près d'un mille par heure. Ce courant oblige à louvoyer souvent lorsque l'on veut ne pas s'éloigner de l'île. Je ne remarquai autre chose que l'extrême phosphorescence de la mer et la fréquence de la foudre, lorsque les nuages, poussés par les vents du sud et arrêtés par les hautes cimes de la Sicile se répandent et se heurtent sur la surface de la mer. L'horizon est alors si brumeux qu'à la distance d'un mille on aperçoit à peine les fanaux destinés à guider le navigateur.

C'était pendant une de ces tempêtes que nous continuâmes notre route; elle nous était favorable et nous poussa rapidement vers les côtes de la Morée, que nous aperçûmes le lendemain; nous doublâmes le cap Matapan, puis passant entre Candie et Cérigo, entre Zéa et le cap Sunium, nous atteignîmes Mitylène; le cap Baba se montra devant nous dans toute sa magnificence; nous suivîmes la côte de l'Asie, et nous vînmes jeter l'ancre à l'embouchure de la Propontide; nous nous trouvions sur la côte de Troie, et en face était Ténédos. Nous demeurâmes huit jours pour attendre qu'un vent favorable nous permît de franchir le détroit; tantôt nous allions nous promener sur la côte, tantôt nous faisions des excursions à Ténédos.

Ténédos peut avoir cinq à six lieues de circuit; la ville est bâtie au pied d'une petite montagne, et n'est habitée que par des Grecs; les Turcs résident dans le château; ceux qui font le commerce ou se livrent à quelque profession, s'établissent pendant le jour dans le bazar et retournent le soir à leur domicile. Le gouvernement est confié à un musselim. L'île est fertile en vin; on en exporte jusqu'à Constantinople, où il a une assez grande réputation. Les propriétaires le vendent chez eux, et le mettent dans de grands tonneaux fabriqués sur les lieux avec du bois qu'ils transportent du canal d'Ismit, ou de la côte voisine de Salonique. Notre capitaine, voulant profiter du grand marché auquel on le vend, se rendit à terre le même jour qu'arrivait un convoi de troupes, commandées par un pacha; un vent contraire les avait forcées à se réfugier dans le port : je demandai quelques détails sur leur organisation, et voici ce que j'appris.

Plusieurs îles de l'Archipel avaient levé l'étendard de l'indépendance, et la Porte craignait que Lemnos ne suivît leur exemple; elle jugea convenable d'envoyer un renfort de troupes pour s'opposer au mouvement insurrectionnel; pour cela elle *donna* l'île à un pacha qui dut s'arranger de manière à en rester le maître. Celui-ci planta des *baïracs*, c'est-à-dire que ses délégués arborèrent dans plusieurs lieux publics un petit drapeau, pendant que des derviches et autres religieux personnages annoncèrent que l'islamisme était en danger; que les infidèles voulaient secouer le joug, et que l'on accorderait une somme de tant à ceux qui s'enrôleraient sous les drapeaux du pacha. Des prières étaient faites pour exciter le fanatisme des vrais croyans; chacun d'eux s'armait et s'équipait comme il le jugeait convenable. Le rendez-vous était donné sur la côte de Troie, et les principaux domestiques du pacha y conduisaient sous leur baïrac la petite troupe qu'ils avaient levée; telle était la méthode de recrutement. Des personnes pieuses, soit pour faire une action méritoire, soit pour accomplir quelque vœu, se joignaient gratuitement à ces hordes; on y remarquait une grande quantité de mollahs, de derviches, de muezzims; quelques marchands grecs et arméniens suivaient le camp pour y vendre leurs denrées. Le pacha avait loué un certain nombre de transports sur lesquels il entassait tout son monde; au moindre signe de temps contraire, il ne manquait pas de débarquer et de frapper de quelque contribution les lieux où il relâchait.

Il est bien évident, d'après la composition de ces troupes, que leur passage devait être marqué par des scènes de désordre et par des actes de barbarie. Dans les villages, on s'enfuyait à leur approche; les villes leur fermaient leurs portes, mais elles avaient libre accès dans des lieux tels que Ténédos, où elles pouvaient se répandre dans la ville, sans qu'on leur permît l'entrée du château occupé par les Turcs. On n'oubliera pas de long-temps la consternation causée par leur débarquement, bien que le pacha eût annoncé qu'il veillerait à ce que l'ordre ne fût pas troublé. Je vois encore toutes les boutiques se fermer, les hommes barricader les portes de leurs maisons, les femmes se rassembler dans de petites chapelles, et là prier leur panaïa (madone) de hâter le départ des infidèles. Je trouvai asile dans la maison de l'agent hollandais, mais nos matelots furent obligés de passer la journée entière dans la rue; personne ne voulait les recevoir. Cependant les nouveaux venus parcouraient les différents quartiers par troupes de huit à dix, frappant inutilement à toutes les portes pour demander des vivres. Puis ils se rassemblèrent sur une place qui est près du port, et là ils déchargèrent leurs armes sur les malheureux qui revenaient de travailler à la campagne, et les obligèrent à s'enfuir. Deux enfants grecs furent surpris et impitoyablement massacrés. Protégés par notre costume européen, le capitaine du navire et moi, nous allâmes dans un café où les nouveaux venus étaient en grand nombre; je n'avais pas encore appris à les connaître, mais je ne pus voir sans horreur toutes ces figures sauvages ombragées par d'épaisses moustaches et par de longues barbes, ces vêtements sales et en lambeaux, ces énormes coutelas si souvent trempés dans le sang, ces armes que jamais ils n'abandonnaient. Ce n'étaient plus ces hommes voluptueux que l'imagination se représente reposant sur des coussins, assis sur de riches tapis, plongés dans les délices des harems, enivrés des parfums de l'Arabie, ou, mollement balancés sur une barque légère, suivant alternativement les côtes délicieuses de l'Europe et de l'Asie.

Nous ne pûmes opérer notre chargement de vins avant le départ des troupes; ce fut alors seulement que nous rejoignîmes notre navire. Nous attendîmes quelques jours encore avant de partir, et pendant ce temps nous allions sur la côte de Troie pour nous promener; un jour que nous revenions à bord, des cavaliers se précipitèrent vers nous, et sans aucune provocation, sans le moindre prétexte, nous tirèrent des coups de fusil; heureusement ils n'atteignirent personne.

La côte de Troie est tout-à-fait unie, et l'ancrage y est fort bon; on est abrité contre tous les vents, et des flottes nombreuses pourraient y trouver refuge. Les marins qui ont le plus d'habitude de ces parages, préfèrent s'y rendre plutôt qu'à Ténédos. L'île de Ténédos est composée de calcaire secondaire sur lequel croît la vigne; au-dessous, on trouve du grès grossier, ou plutôt une espèce de poudingue avec d'énormes pectinites. Ce grès repose lui-même sur le granit qui forme la montagne conique au pied de laquelle est située la ville. Je n'ai jamais vu de transitions aussi bien marquées que celles qui existent entre les trois espèces de roches que je viens de citer.

Pendant que je me trouvais sur la côte de Troie, j'eus plusieurs fois l'occasion de remarquer le phénomène connu sous le nom de mirage. Nous étions entrés dans la baie par un vent frais du sud; le thermomètre était élevé de 18° au-dessus de zéro; la mer était calme, l'horizon d'une extrême pureté. Les marins, habitués à reconnaître le changement de temps, prétendirent que le vent du nord prendrait le lendemain, et leur prédiction ne tarda pas à s'accomplir. Au matin, le thermomètre ne marquait plus que 4°, tandis que la première couche des eaux de la mer était à 15°. Nous étions éloignés d'environ trois milles du château de Ténédos, et l'on apercevait facilement sur ses murs blanchis une ligne formée par le niveau vrai de la mer; l'horizon apparent se trouvait au-dessous, et en mesurant avec un sextant l'angle qui séparait ces deux lignes, je trouvai qu'il était d'un degré. Je fis les mêmes observations sur les différents caps que nous apercevions, et j'obtins le même résultat. Tous ces caps paraissaient brisés à un degré au-dessus de l'horizon, et leur image se réfléchissait au-dessous du point d'intersection. La grandeur de l'angle diminuait avec l'élévation du soleil. Pendant deux heures environ une évaporation très évidente se faisait sur la mer, que recouvrait une brume épaisse de quatre ou cinq pieds de hauteur. Un phénomène assez remarquable encore était la rapidité avec laquelle paraissaient s'élever des vagues larges et éloignées; c'était encore un phénomène d'optique que je m'expliquai, en considérant que celles-là seules le présentaient qui montaient assez haut pour que le rayon direct et le rayon réfracté arrivassent simultanément à l'œil de l'observateur. Le vent du nord ayant duré pendant huit jours, la température de la mer diminua, et avec elle l'intensité de la réfraction; lorsque nous mimes à la voile, ces effets de mirage n'étaient presque plus apparents. C'était le matin et le soir qu'on pouvait le plus aisément les remarquer. J'ai vu plusieurs fois des barques qui traversaient la mer, présenter trois images distinctes; deux placées l'une au-dessus de l'autre, et d'autant plus distantes entre elles que nous étions plus éloignés; la troisième était sous l'image supérieure, et en sens inverse. Il est évident que ce phénomène, que l'on ne fait pas entrer dans le calcul en se servant du sextant, doit introduire de grandes erreurs dans les relevés de navigation; en effet, dans une mer calme, la couleur de l'eau étant à peu près la même que celle du ciel, on prend pour horizon la ligne la plus apparente, tandis que l'horizon vrai est cette trace circulaire dessinée un peu au-dessus. La distance qui les sépare est plus ou moins grande, suivant les différences de température; plus elle est grande, plus l'horizon est abaissé, plus le navigateur se trouve élevé. Pendant que j'étais à Bouschir, sur le golfe Persique, il se présenta un phénomène de cette nature, vraiment remarquable. La petite île de Carak, située à quarante milles de distance, et n'offrant qu'un plateau assez peu élevé, parut s'élever du sein de la mer vers le nord-ouest, tandis que le soleil, venant la frapper de ses premiers rayons, nous la montra de la manière la plus distincte. Si nous eussions été en mer, nous nous serions crus près de cette île, qui pourtant était fort éloignée.

Les bâtiments qui se rendent à Constantinople sont souvent obligés d'attendre longtemps aux Dardanelles que les vents favorables leur permettent de franchir le canal; aussi a-t-on observé avec quelque soin les saisons pendant lesquelles ils soufflent. Voici quelle est l'opinion la plus accréditée parmi les marins. Du mois de janvier jusqu'en mars, on a ordinairement les vents du sud; pendant le printemps ceux du nord; vers l'automne les vents du sud; en novembre et décembre les vents du nord reprennent le dessus. Ces derniers, quand ils soufflent dans la Mer-Noire, n'arrivent pas toujours jusqu'à Constantinople. Je crois que l'on peut donner pour ces phénomènes une explication à peu près semblable à celle que Saussure a donnée du Mistral de la Provence. Cet auteur prétend que les Alpes et les Pyrénées ayant une direction générale telle qu'elles forment à leur extrémité une espèce d'entonnoir, tous les vents interceptés par elles sont réfléchis et soufflent du même côté. Ainsi à Constantinople, les monts Balkans arrêtant les vents du nord, lorsqu'ils ne sont pas trop impétueux, les obligent à prendre la direction du nord-ouest, et ce sont ceux-là en effet qui dominent dans la Mer-Noire, tandis que ceux du sud arrivent jusqu'à l'embouchure du canal. Les personnes qui ont habité Constantinople ont dû remarquer plusieurs fois que des bâtiments venant de la Mer-Noire avec un vent favorable, se trouvaient arrêtés tout-à-coup par une brise du sud qui soufflait simultanément, comme aussi ceux qui montaient vers le nord étaient obligés de se réfugier dans les ports voisins par la même raison.

Le premier jour que nous pûmes lever l'ancre, nous doublâmes la pointe des Barbiers; le lendemain nous parvînmes à nous placer dans la baie qui est au-dessous des Dardanelles; nous avions devant nous les flottes combinées du grand-seigneur et du pacha d'Égypte. Elles étaient composées de quatre-vingt-douze voiles, et présentaient un spectacle imposant. Comme nous, elles attendaient le moment favorable pour remonter le canal, et stationner près de Gallipoli.

Puisque j'ai donné des détails sur l'organisation des troupes de terre, je vais indiquer le mode de composition d'une flotte turque à l'époque dont je parle. L'administration de la marine est divisée en deux parties bien distinctes, confiées à un fonctionnaire nommé captan-pacha qui, bien entendu, doit acheter sa charge. Il doit veiller à la confection, à la conservation et à l'armement des bâtiments; il doit encore administrer les îles de l'Archipel, dont il est gouverneur. Comme de raison, le gouvernement ne lui donne rien pour tout cela, et il doit se tirer d'affaire comme il peut. Depuis l'incendie de Tchesmé, la marine turque n'avait éprouvé aucun échec notable, et l'on se bornait en grande partie à entretenir ce que contenait l'arsenal. Des ports de construction étaient à Constantinople, à Synope et à Boudroum; de riches particuliers, des négociants auxquels on faisait des avanies, donnaient des sommes assez considérables à ces arsenaux. La main-d'œuvre ne coûtait presque rien, parce que l'on faisait travailler par corvées soit les individus renfermés dans les bagnes, soit les rayas habitant les villes maritimes. Les canons étaient rassemblés çà et là; les uns provenaient des arsenaux, d'autres étaient offerts; quant aux matelots, voici comment on les recrutait : les gardes du captan-pacha se répandaient dans les rues, et là arrêtaient les sujets non musulmans, quels que fussent leur rang et leur profession. Ils composaient avec eux pour les relâcher, ou bien ils les conduisaient à bord et les convertissaient en marins. On décimait les pêcheurs et les bateliers, et on leur faisait subir le même sort. Le pacha choisissait des pilotes parmi les Grecs, les Ragusais, les Ioniens, qui sont en grand nombre dans la capitale, et, quand le moment que les astrologues avaient jugé favorable était arrivé, on mettait à la voile, et les Turcs, toujours armés, faisaient, à coups de bâton, travailler les Chrétiens à la manœuvre. Du reste, on ne cherchait aucunement à exercer les nouveaux venus. Quand on devait exécuter quelque évolution, le pilote et ceux que l'on supposait plus expérimentés, donnaient des ordres tous à la fois; on criait, on se disputait, on commandait, on obéissait sans aucune distinction de rang. Si le temps devenait mauvais, les Turcs tombaient le plus souvent malades; ils se couchaient et laissaient les Chrétiens se tirer d'affaire; s'il s'agissait de combattre, ils couraient se cacher et obligeaient les rayas à s'exposer et à les défendre. La flotte sortait presque toujours à la même époque pendant le printemps, parce que *c'était la coutume*. Ordinairement, on se rendait aux Dardanelles, puis dans les îles qui ne payaient pas régulièrement leurs contributions, et dans lesquelles il y avait quelques différends à accommoder. On débarquait là quelques Turcs des plus rébarbatifs pour mettre les habitants à la raison; enfin on revenait à l'époque fixée par les astrologues; on suspendait aux vergues quelques Grecs pris dans les îles; la flotte était désarmée, et les marins retournaient à leurs occupations habituelles. Il est inutile de faire observer que pour devenir capitan-pacha, il n'était aucunement nécessaire de connaître la mer; pour en donner une preuve, il suffit de dire que l'on avait une fois nommé à cet emploi le *tchoban-bachi*, ou chef des bergers, vieillard qui n'avait encore compté que des têtes de moutons, et qui se laissa choir dans l'eau le premier jour où il devait prendre possession du vaisseau amiral.

Les vices de l'administration maritime ne sont faciles à reconnaître que lorsqu'on les observe de près; ils ne nous frappèrent pas lorsque nous passâmes au milieu de la flotte turque. Toutes ces voiles qu'enflait un vent frais, tous ces bâtiments qui semblaient rivaliser de vitesse, ces côtes verdoyantes de l'Europe et de l'Asie, ces coups de canon tirés pour saluer les forteresses et les lieux où de saints personnages étaient ensevelis, ne nous permettaient guère d'autres sentiments que l'admiration. Les Grecs que l'on avait pendus aux vergues du vaisseau amiral, nous montraient seuls que nous étions avec des barbares; ces malheureux avaient été capturés sur un bâtiment indépendant; le pavillon blanc, orné d'une croix bleue qu'ils avaient voulu défendre, était placé sous la proue du vaisseau ennemi, qui portait sur sa poupe une large bannière de soie rouge.

Nous laissâmes la flotte entrer à Gallipoli, pendant que nous pénétrions dans la mer de Marmara. Dès le matin nous aperçûmes Constantinople, où nous entrâmes le jour même. Il est inutile de parler encore de la beauté de cette ville, tant de fois décrite. Je dirai seulement que l'entrée du côté du sud n'est pas, à beaucoup près, aussi belle que du côté du nord. De vieux mûrs noirâtres, au dessus desquels on voit s'élever des minarets, ne m'ont pas paru d'un effet aussi pittoresque qu'on s'est plu à le dire. Le spectacle n'est vraiment majestueux que lorsque après avoir doublé la pointe du sérail on entre dans le port, quand on voit le canal de la Mer-Noire et cette suite non interrompue de villages qui le bordent ; quand on laisse le sérail à la gauche, Scutari en arrière, quand on est en face de la ville, devant les dômes et les minarets de ses mosquées, devant toutes ces maisons et ces jardins bâtis en amphithéâtre, quand on aperçoit cette forêt de mâts dans le port, et toutes ces mille barques qui rasent la surface des eaux.

CHAPITRE II.

CONSTANTINOPLE. — SITUATION DE LA VILLE EN 1821. — EXCURSION DANS LE CANAL DE LA MER-NOIRE. — MONTAGNE DU GÉANT. — GÉOLOGIE.

J'étais recommandé à Constantinople à M. Jouanin, alors premier interprète de l'ambassade française. M. le vicomte de Viella était chargé d'affaires en attendant l'arrivée de M. de Latour-Maubourg. J'allai me loger à Péra, et pour arriver à mon hôtellerie je suivis d'abord une rue étroite, sale, remplie de chiens, où l'on apercevait des corps d'hommes nouvellement décapités, gisant à côté d'une boucherie où étaient suspendus des bœufs et des moutons dont le sang ruisselait encore. Une foule d'individus se pressait, ou plutôt se glissait dans cet étroit passage; chacun parlait à voix basse et craignait d'être entendu ; quelques janissaires, armés de pistolets, passaient d'un air fier et traversaient les groupes comme s'ils eussent été formés d'ombres qui devaient se dissiper à leur approche. C'étaient là les environs de la douane ; plus loin, un morne silence remplaçait le bruit sourd que j'avais entendu ; quelques pauvres femmes assises sur leurs talons, près la porte de Péra, imploraient la charité publique et interpellaient les passants en turc, en grec et en arménien ; puis je vis les francs de Constantinople avec leurs allures diplomatiques et prétentieuses ; alors je me crus encore en Europe, mais je ne pouvais dire chez quel peuple ; ils parlaient toutes les langues, prenaient tous les usages avec une inconcevable facilité. Enfin, je pénétrai dans mon domicile en suivant un passage obscur, et je m'établis dans une chambre d'où je découvrais le port, l'arsenal, le champ des morts et la pointe du sérail. C'était une des plus belles vues de la capitale ; pour prendre les repas, on descendait, par une espèce de souterrain, dans une salle entourée de murs ; pendant mon séjour, qui a duré un mois, je n'ai jamais vu le maître de la maison ; le service se faisait comme par enchantement, tous les habitants paraissaient se cacher; des quatre étrangers qui habitaient cette maison, aucun n'a aperçu ses voisins; nous ne connaissions qu'un domestique Albanais, dont les cheveux flottaient sur les épaules.

Je m'attache à rendre les diverses impressions que j'éprouvai à Constantinople, bien persuadé qu'elles sont les mêmes pour tous ceux qui y arrivent de la même manière que moi. Il est impossible de ne pas être étourdi de l'espèce de fantasmagorie dont on est témoin; de ce mélange de barbarie et de civilisation, de luxe et de misère, de bonheur et d'infortune, de tranquillité et de désordre. Voici quelle était la situation de la ville. La première fureur était apaisée; la police du quartier européen, confiée au vaïvode de Galata, se faisait avec fermeté; les groupes de janissaires et d'asiatiques n'osaient plus parcourir les différents quartiers et mettre à mort les Grecs qu'ils rencontraient. Les ambassades recevaient l'assurance que le gouvernement veillerait à leur sûreté et à celle de leurs protégés; on avait pour cela placé des janissaires dans la plupart des maisons européennes, pour les faire respecter; ceux qui, par suite de l'invitation qu'on leur avait faite de *donner* leurs filles pour assurer leur tranquillité, s'étaient vus obligés de les placer dans des familles étrangères, les avaient reprises chez eux. Chacun se disait tranquille, et quelques exécutions que l'on faisait à la porte même des ambassades, n'étaient pas de nature à troubler la douce quiétude, premier besoin de ce pays. Pour moi, nouveau débarqué, je ne concevais pas cette apathie. Je ne savais pas encore qu'attendre et laisser faire est la meilleure des précautions. Toutes ces familles qui pouvaient au premier moment, à la moindre insurrection, se trouver dans la même position que les Grecs, me confondaient par leur calme et leur tranquillité; chose merveilleuse, c'est que je n'entendais résonner que les éloges des Turcs; chaque jour c'était un nouveau trait d'humanité, de grandeur d'ame, de modération. Les malheureux Grecs que l'on vendait au marché, ceux dont les cadavres étaient épars çà et là, avaient été traités avec trop de douceur; on était étonné de l'extrême modération de la Porte. Et pourtant qu'était-ce que cette tranquillité que l'on célébrait avec tant d'emphase?

Dirai-je ce qui m'est arrivé à moi-même dans l'espace de quelques heures? J'avais été invité à dîner à Galata chez un négociant auquel j'étais recommandé; revenant seul, je fus assailli par une troupe de chiens, étonnés de voir passer un Franc à une heure inusitée; puis, comme je traversais le petit champ des morts, des enfans turcs firent pleuvoir sur moi une grêle de pierres; j'approchais de mon domicile, pensant avoir échappé à tout autre événement fâcheux, lorsque au milieu de la rue j'aperçus un malheureux Grec que l'on venait de décapiter. On l'avait couché sur le ventre et sa tête était placée sur ses reins. Les gardes postés près de ce lieu entouraient le cadavre, en riant et en le poussant avec leurs bâtons; l'horreur que je témoignai ne servit qu'à augmenter leur hilarité; le soir, enfin, un incendie se manifesta et l'on m'envoya chercher pour jouir du magnifique spectacle que présente cette agréable catastrophe. C'était l'œuvre de quelques uns de ces honnêtes Turcs, qui le lendemain furent étranglés et précipités dans le Bosphore.

Quelle que fût la sécurité dont on jouissait, on me conseilla de ne pas me hasarder dans la ville sans me faire accompagner d'un janissaire; j'allai avec lui voir ce que chacun va observer à Constantinople, l'hippodrome et l'obélisque d'Égypte, les citernes, les lions maigres et galeux que sa hautesse conserve dans une espèce de hangar; quelques ours noirs et un éléphant; la porte du sérail et les vertèbres de baleine, qui avec les têtes coupées et des chapelets d'oreilles servent à sa décoration. Quelques jours après je m'aventurai seul avec M. de la Fléchèle, drogman de Patras, et nous allâmes faire visite à un Turc de ses amis qui résidait dans le Bosphore. Celui-là ne partageait pas l'insouciance générale; il nous tança vertement d'être venus sans nous faire accompagner dans un moment où lui-même n'osait pas se rendre à la Sublime-Porte sans crainte d'être attaqué. Quelque temps auparavant on avait dépouillé de ses habits Tchiaoux-bachi, lorsqu'il sortait de l'audience du *dispensateur des trônes et des couronnes.*

Le seul plaisir que j'aie pu goûter pendant ce premier séjour à Constantinople consistait à me réunir à la société que recevait chez lui M. Jouanin. J'y rencontrais souvent M. Levaillant, qui à des connaissances variées joignait un goût prononcé pour la minéralogie et les études géologiques. Nous résolûmes d'aller ensemble faire une excursion dans le canal de la Mer-Noire, jusqu'aux îles Cyannées. M. de la Fléchèle voulut bien nous accompagner, ainsi que le docteur Ferry, médecin de l'hôpital français de Galata. Nous louâmes un bâteau à trois paires de rames, et, côtoyant le littoral d'Europe, nous nous rendîmes à Thérapia, résidence d'été de l'ambassadeur de France. Le lendemain, nous passâmes sur la côte d'Asie pour nous élever ensuite sur la montagne du Géant (Youcha-Dagh). Cette montagne se termine par deux mamelons, et à son sommet est bâtie une maison, séjour du derviche qui est chargé de veiller sur le tombeau du Géant; il ouvre l'enceinte moyennant quelques paras. L'individu que l'on a enseveli n'aurait pas eu moins de trente-six pieds de longueur, et les exploits que l'on en raconte sont à peu près les mêmes que l'on attribue chez nous à Gargantua. Nous ne fîmes pas grande attention à tout ce que l'on nous dit à son sujet; nous étions plus occupés de considérer deux ou trois femmes que la curiosité avait amenées à une fenêtre.

Deux d'entre elles appartenaient au derviche, qui faisait avec son Géant des bénéfices assez considérables pour les entretenir. L'autre était veuve de l'ancien possesseur de l'ermitage. On a, du haut de la montagne du Géant, une vue fort étendue; on aperçoit Constantinople, les villages qui l'entourent, la Mer-Noire, celle de Marmara, et on suit de l'œil toutes les sinuosités du canal. Au pied de la montagne est un fort nommé Youcha; pour ne pas suivre la même route qu'en montant, nous descendîmes directement de ce côté, et nous rencontrâmes un villageois qui nous indiqua une route par laquelle nous arrivâmes précisément au milieu du fort. L'officier préposé à sa garde ne nous fit aucun reproche, mais promit que des coups de bâton seraient la récompense de celui qui montrait à des infidèles les secrets des vrais croyants. Je ne doute pas qu'il n'ait été exact à tenir sa promesse. Nous nous hâtâmes de regagner notre bâteau, mais nous fûmes assez surpris de le trouver abandonné. Voici quelle en était la cause : dès que les Turcs de la forteresse eurent appris que nous étions montés sur la montagne, ils se hâtèrent de nous poursuivre comme des espions, et sans doute ils nous auraient fait un mauvais parti malgré notre janissaire. Les bateliers de leur côté, qui nous considéraient comme étant sous leur protection, s'empressèrent d'accourir pour nous défendre. Heureusement aucune troupe ne rencontra l'autre, et, quand nous fûmes tous réunis, M. de la Fléchère sut calmer toutes les inquiétudes avec quelques tasses de café distribuées à propos; grace à cette précaution, on nous laissa partir sans nous inquiéter. Pour continuer notre excursion, nous longeâmes alternativement la côte d'Europe et celle d'Asie; en arrivant à Buijuk-déré, nous fîmes une visite aux chefs du camp que l'on rassemblait déjà pour s'opposer aux janissaires, sous prétexte de faire la guerre aux Russes. Nous vîmes là deux pachas entourés de cartes géographiques et armés de compas, instruments dont ils étaient probablement peu en état d'apprécier la valeur. Puis nous suivîmes le littoral d'Europe jusqu'aux Cyannées; nous revînmes à Constantinople en longeant la côte d'Asie.

On ne s'étonnera pas qu'après le travail minutieux du général Andréossy, il soit difficile de rien dire de nouveau sur le canal de la Mer-Noire; je me bornerai donc à ajouter quelques observations particulières et à discuter quelques unes de ses opinions. Je ne crois pas d'abord que le calcaire de Constantinople soit intermédiaire, quoiqu'il ait tous les caractères que les naturalistes donnent à cette variété. Il est en effet grisâtre, d'une cassure conchoïde, à grains fins, mais il contient des *détritus* et des *détritus* de Mollusques, comme je m'en suis assuré en 1827. A cette époque je revenais d'Arnaoût-Kéui, sur la côte d'Europe, et je suivais près du chemin de Constantinople le ravin tracé par le ruisseau qui traverse le village, lorsque j'aperçus sur le calcaire, qui là prenait une apparence schisteuse, des empreintes de pectinites d'un pouce environ de rayon. L'ensemble des roches que l'on trouve près du canal loin de s'opposer à mon opinion ne tend qu'à la confirmer. Vient-on du sud, du côté de l'Asie, on trouve du calcaire bien évidemment secondaire, semblable à celui de la Franche-Comté, de grains assez gros et placé en couches de deux pouces d'épaisseur environ. Ces couches sont inclinées vers le nord à 35° environ; ce n'est pas là l'apparence de terrains intermédiaires; puis on arrive à un grès grossier et enfin à ce calcaire, qui à Constantinople paraît, à la vérité, de transition, mais qui se lie avec des roches évidemment secondaires, comme, par exemple, celles qui constituent la montagne du Géant et les Iles-des-Princes. La montagne du Géant est formée du calcaire noirâtre que nous avons cité, mais à son sommet les couches deviennent plus blanches, leur puissance est de quinze pieds, elles sont identiques avec celles du Vivarais. Si au contraire nous regardons vers le nord, nous verrons près des aquéducs de Justinien, à Pyrgos, au fond de la vallée de Buyukdéré elle-même, une suite de calcaires faiblement inclinés, en couches bien distinctes, passant quelquefois au grès. Vers le couchant, ce calcaire est uni presque immédiatement à un autre calcaire blanc à gryphites. Notons que tout cela se passe dans l'espace de quelques lieues. Ainsi je considère la formation de Constantinople comme secondaire; elle est appuyée d'un côté sur les grandes chaînes de la Bithynie, de l'autre sur le mont Hémus. Une coulée volcanique a eu lieu du côté du nord et sur l'un et l'autre rivage. Cette coulée commence près d'Arnaout-Keni sur la côte d'Europe, et près d'*Youm-Bournou* sur la côte d'Asie; c'est là en effet que nous avons vu avec M. Levaillant les colonnes basaltiques triangulaires dont parle le général Andréossy, mais en descendant un peu au sud nous les avons vues reposer sur le calcaire sujet de la discussion. Les îles Cyannées appartiennent à la même formation volcanique; autant que j'ai pu le remarquer, la coulée se sera faite dans la direction du S. E; elle paraît couvrir un plus grand espace sur la côte d'Europe que sur celle d'Asie. Je dois ajouter que parmi les roches décrites par M. Cordier, la Téphrine verte porphyroïde, qui se trouve dans le golfe de Buyuk-Liman, est renfermée dans la lave porphyroïde par masses assez considérables et sans aucun ordre; elle paraît de loin comme une tache verte sur la montagne.

Il est inutile de parler encore de la magnificence du canal de la Mer-Noire. A l'époque où je m'y trouvais, c'est-à-dire au mois de novembre, la chaleur était assez grande et le thermomètre marquait de douze à quinze

degrés; les arbres avaient encore conservé
toutes leurs feuilles, mais la fureur musulmane avait aussi passé par là. Qui n'eût gémi
à l'aspect de toutes les maisons du Bosphore,
naguère habitées par les Grecs et les Arméniens, maintenant criblées de balles; en
voyant les palais réduits en cendres et les farouches habitants d'Erzeroum et de la côte des
lazzes transportant la sauvage simplicité de
leur pays dans le séjour de l'opulence et de
la civilisation!

CHAPITRE III.

RÉVOLUTION GRECQUE. — DE LA CONDUITE DE LA RUSSIE. — DE CELLE DES AUTRES PUISSANCES EUROPÉENNES. — DU COMMERCE DE CONSTANTINOPLE. — DES DROGMANS DE CONSTANTINOPLE, — DES EMPLOYÉS EUROPÉENS.

Je ne me propose pas de faire l'histoire d'événements dont je n'ai pas été témoin; mais, puisque j'ai à parler de ce que j'ai vu de la révolution grecque, il me paraît nécessaire de jeter un coup d'œil sur les circonstances qui l'ont accompagnée. L'Espagne, le Piémont et le royaume de Naples avaient été presque simultanément le théâtre de révolutions, lorsque l'on apprit que la Grèce venait de se soulever à son tour, que la Moldavie et la Valachie avaient été envahies par une troupe d'insurgés; en même temps des corsaires grecs infestaient le littoral du Péloponèse, et les îles de l'Archipel, excitées par l'exemple d'Hydra, le vaient l'étendard de l'indépendance. On prétendit qu'une vaste conspiration avait été découverte à Constantinople; on prétendit que les conjurés devaient mettre le feu à l'un des quartiers de la capitale et assassiner le grand-seigneur, tandis que la flotte sur laquelle les Grecs se trouvaient en grande majorité, intercepterait toute communication entre l'Europe et l'Asie, et rendrait la fuite des Mahométans impossible. La Porte, peu accoutumée à rechercher la vérité de ces complots, y avait immédiatement répondu par des massacres. Le patriarche de l'Église grecque avait subi le dernier supplice avec une foule de ses compatriotes, les autres étaient dispersés; d'horribles représailles avaient eu lieu de part et d'autre. Puis le baron Strogonoff, ambassadeur de Russie, avait quitté Constantinople après avoir déclaré, au nom de son souverain, que sa Cour désapprouvait la conduite des révoltés; les autres puissances, suivant cet exemple, s'étaient empressées de reconnaître au grand-seigneur le droit de châtier des sujets rebelles.

Sans doute, ce sera une des pages les plus honteuses de notre histoire que l'ignorance dans laquelle les gouvernements chrétiens sont restés si long-temps sur les affaires du Levant, malgré le grand nombre d'agents qu'ils y entretiennent. Qui croira que l'on ait pu trouver quelques rapports entre la révolte d'un peuple esclave d'un autre peuple dont l'éloignent sa religion, ses mœurs et son langage, et celle des nations européennes que nous avons nommées? Fallait-il donc tant d'années pour reconnaître, d'un côté, une société vivant sans lois, sans justice, sans moralité; et, de l'autre, des sociétés homogènes, où l'ordre est maintenu par des règles fixes, par des institutions plus ou moins parfaites, qui assurent à chacun une sécurité et le plus souvent une liberté convenable? Honte surtout à ce gouvernement qui tant de fois s'est dit le protecteur des Grecs, qui s'est engagé à l'être par des traités, et qui deux fois a donné au monde l'exemple d'un lâche abandon. Qui ignore, en effet, la quantité de Grecs qui vivaient sous la domination russe, la facilité avec laquelle on les recevait au nombre des sujets de S. M. I.? Ne sait-on pas que les neuf dixièmes des bâtiments de cette nation portaient le pavillon moscovite; que dans les chancelleries d'ambassade, de consulats, on ne voyait que des Grecs? N'avaient-ils pas dans le malheur quelque droit à la bienveillance d'une puissance qui leur donnait de si grands encouragements, qui s'immisçait si avant dans leurs affaires, qu'elle envoyait un des principaux officiers de son ambassade pour connaître de leurs plaintes et recevoir des serments pour l'Empereur? Et s'ils avaient craint de s'en rapporter à des apparences trompeuses d'amitié, ils devaient se rassurer en voyant leurs bataillons s'organiser tranquillement sur le sol de la Russie; en apprenant que là on donnait des fêtes en leur honneur; que d'avance on célébrait leurs victoires et leur affranchissement. La conduite du gouvernement russe fut une trahison, et cette trahison n'avait aucune excuse, car ce gouvernement qui compte au nombre de ses sujets tant de mahométans ne devait se méprendre ni sur leur fanatisme, ni sur les suites inévitables de sa neutralité.

Quant aux autres gouvernements, si l'on examine quels motifs ont dû influer sur leur conduite et comment les opinions défavorables aux Grecs ont pu s'accréditer si longtemps auprès d'eux, on trouvera sans doute que toute la responsabilité doit en peser sur la société européenne qui habite le Levant. Or, voyons quelle est la composition de cette société. Il faut la diviser en classes très distinctes qui toutes ont leurs intérêts à part, et des intérêts qui ont toujours été opposés à ceux des Grecs. C'est d'abord un certain nombre de négociants pour la plupart nés en Turquie, puis des familles vivant à Péra de leurs revenus ou des places qu'elles occupent près des ambassades et des particuliers; enfin des agents des gouvernements.

Avant la révolution française, le commerce du Levant appartenait presque exclusivement à la France; il se faisait alors par caravane, c'est-à-dire que des bâtiments partis de Marseille allaient relâcher dans les différentes échelles du Levant, y trafiquaient en commun, puis rentraient dans le port. Les maisons que l'on établissait avaient pour ainsi dire leur capitale à Marseille; chaque commis devait, avant de partir pour l'Orient, se faire cautionner pour sa bonne conduite. Le consul était choisi parmi eux; sa principale occupation consistait à diriger les nouveaux venus et à chercher de nouveaux débouchés; tous les négociants étaient responsables les uns pour les autres; aucun n'avait droit de faire des démarches contraires à l'intérêt de la colonie, et des peines sévères étaient infligées à ceux qui transgressaient les réglements.

Cette méthode était sans doute contraire à la liberté générale du commerce comme on l'entend de nos jours, mais elle ne laissait pas d'être avantageuse. Il n'en est pas du Levant comme des pays chrétiens, qui se régissent par des lois fixes, où la connaissance des lieux et des mœurs est facile à acquérir. Là tout est ruse et vénalité; tel individu connaissant les localités y fera d'excellentes affaires, tandis qu'un nouveau venu n'en fera jamais que de mauvaises, quelles que soient les bases sur lesquelles il aura établi ses calculs. La révolution et les guerres qui l'ont suivie ont arrêté le commerce français dans cette partie du monde comme ailleurs; les traditions se sont perdues; la concurrence étrangère s'est établie, et au lieu de ces corps vigoureux que l'on appelait la nation il n'est resté que quelques comptoirs des différents pays, mais pauvres, malhabiles, désunis, tristes restes de l'ancienne prospérité. Tandis que le commerce européen diminuait ainsi chaque jour, celui des Grecs faisait de nouveaux progrès; le privilége d'appartenir à une puissance qui n'était pas mêlée aux guerres du continent, et la faculté de devenir les facteurs de la Mer-Noire et de la Méditerranée donnèrent une grande activité à leur marine; ils se livrèrent pour la plupart à la vente des grains, puis s'établirent progressivement sur les places les plus avantageuses de l'Europe. Alors ils obtinrent le monopole du commerce du Levant; payant à Constantinople, en leur qualité de sujets, moins de droits que les étrangers; naviguant à la part, habiles à construire des bâtiments plus légers et à meilleur compte que ceux d'Europe; sobres, intrépides et fidèles à leurs engagements, ils rendirent toute concurrence impossible; et les anciens établissements, loin de faire des spéculations pour leur compte, s'estimèrent heureux de devenir leurs commissionnaires moyennant une faible rétribution. A ces motifs de jalousie se joignait une autre cause pour exciter l'inimitié contre eux; c'était la différence de religion. On n'ignore pas que le seul lien qui, en Orient, unisse les hommes est la croyance religieuse, et ce lien est d'autant plus fort que les rapports sociaux sont moins multipliés, et que le gouvernement est plus oppressif. Une grande partie de l'Archipel et la Morée avait été soumise aux Vénitiens. La domination barbare et féodale de la république n'était pas de nature à réunir deux sectes ennemies, aussi les Grecs lui préférèrent-ils le joug ottoman. Ils aidèrent les Turcs dans leurs conquêtes, ils les appelèrent de leurs vœux; les uns se soumirent sans conditions; d'autres firent des traités et stipulèrent des priviléges dont on trouve encore des traces. Les haines se perpétuèrent cependant sous l'esclavage commun, et se manifestèrent par des dénonciations qui donnèrent á la Porte le moyen d'opprimer chaque jour davantage ses nouveaux sujets. Mais, à mesure que les Francs vinrent s'établir en Turquie, les Latins s'introduisirent dans leurs maisons, y contractèrent des alliances et les forcèrent à épouser leurs haines et leurs préjugés; ils finirent par se faire protéger ouvertement par l'ambassadeur de France, et c'est à cause de ce privilége, qui pourtant n'est pas reconnu par la Porte, que le roi prend le titre de Très Chrétien.

Les rivalités commerciales influèrent peu sur les familles qui habitent Péra, et qui sont depuis long-temps en possession de fournir des interprètes aux ambassades et aux consulats. Celles-ci affectent de grands airs de noblesse; les relations entre les gouvernements étrangers et la Porte ayant lieu par leur intermédiaire, elles se trouvent mêlées dans les affaires d'état, obtiennent facilement des récompenses, des décorations et des titres honorifiques, qui, dans leur opinion, les placent bien haut dans l'échelle sociale; aussi tout ce qui sent le négoce leur paraît-il digne d'un souverain mépris; elles n'en étaient pas cependant plus amies des Grecs et de la révolution qui menaçait l'existence de la Turquie, et par suite les troublait dans leurs espérances de fortune, de paix et de tranquillité. D'ailleurs, ce corps de drogmans, connu à Constantinople sous le nom de Pérotes, parce qu'il habite le faubourg de Péra, avait toujours rencontré pour ennemie dans ses négociations la noblesse grecque du Fanar, qui défendait les intérêts des Turcs, et il faut avouer qu'il n'avait pas eu souvent à se louer de sa bonne foi et de son désintéressement. La jalousie de ces corps rivaux s'accrut encore lorsque les familles grecques firent donner à leurs enfants une éducation aussi soignée que celle que l'on recevait dans le noble faubourg, et lorsque ceux qui avaient été regardés comme presque aussi ignorants que les Turcs eux-mêmes, joignirent une connaissance parfaite de l'Europe à celle qu'ils avaient déjà des intrigues du sérail et des mœurs asiatiques.

Si nous passons à présent aux agents étrangers que les différentes puissances entretiennent dans le Levant, nous reconnaîtrons que le système sur lequel on les établit est loin de donner à leurs rapports une indépendance suffisante. J'entrerai à cet égard dans un certain développement, et j'espère que l'on n'y verra pas l'intention d'attaquer les individus mais bien celle de faire prévaloir des idées que je sais être partagées par des hommes d'un grand savoir et d'un grand esprit; et comme la composition des consulats est à peu près la même pour tous les Européens, je prendrai, par exemple, celle des consulats français. Voici son organisation : un consul, un chancelier, un ou plusieurs interprètes ou drogmans français, puis une suite plus ou moins considérable de drogmans bénévoles que l'on protége, et que l'on choisit parmi des Grecs catholiques, des Arméniens et des Juifs.

On a reconnu que l'on ne pouvait que difficilement confier les fonctions consulaires aux individus nés dans le Levant; l'éducation qu'ils reçoivent ne présente pas assez de garanties; leurs liaisons et leurs parentés les placent trop sous l'influence des coteries. Les choisit-on au contraire parmi des hommes tout-à-fait étrangers au pays, l'inconvénient est plus grand encore, parce que, ne connaissant pas les intrigues qui s'agitent autour d'eux, ignorant les langues et les habitudes, ils sont exposés chaque jour à commettre des erreurs là où toute erreur peut avoir de graves conséquences. Aussi peut-on assurer que parmi ceux qui se trouvent dans ce cas il n'en est presque pas un qui ait pu conserver un nom sans tache, qui n'ait vu compromettre une longue réputation d'honneur et d'habileté.

Quant aux drogmans français, et les chanceliers sont compris dans cette classe, voici comment on les prend. On choisit parmi les fils d'employés dans le Levant des enfants de sept ou huit ans, que l'on fait étudier à Paris dans un collége royal; ils y suivent les cours généraux et apprennent en outre les langues orientales. Ont-ils terminé leurs études, on les met en disponibilité à Constantinople, puis on les répartit, après quelque séjour, dans les différentes Échelles; voici les conséquences de ce mode d'éducation. Bien que versés dans la connaissance de la littérature orientale, ils ne parviennent que difficilement à parler comme on le fait en Turquie; ils sont hommes d'honneur et bien élevés pour remplir des fonctions qui ne demandent que de l'astuce et de l'intrigue. Enfin ils se trouvent officiers du roi pour ensuite être obligés de se mêler avec la valetaille des pachas. Il en résulte que plusieurs abandonnent une carrière peu en harmonie avec leur éducation, tandis que d'autres sont obligés de s'en rapporter le plus ordinairement aux drogmans auxiliaires, qui, nés dans le pays, ne craignent pas d'user de ces moyens de séduction et de basse flatterie nécessaires pour réussir auprès des Turcs. De ce que ces derniers réussissent mieux dans leurs négociations, il s'ensuit qu'ils inspirent plus de confiance aux consuls, qui ne voient souvent dans leurs drogmans que d'inutiles auxiliaires et d'incommodes censeurs. Aussi n'avaient-ils pas craint d'adopter ce proverbe si connu dans le Levant, que trois fléaux étaient à redouter en Turquie, les incendies, la peste et les drogmans. Je dois me hâter de dire que l'institution des drogmans français, bien qu'inutile telle qu'elle est aujourd'hui, rendrait de grands services si elle était appliquée aux consulats; il suffirait que les jeunes gens au lieu de venir à Paris dès leur enfance y vinssent seulement lorsqu'ils parleraient les langues orientales; ils recevraient dans la capitale les principes d'honneur qui président à l'éducation publique, sans risquer de les compromettre dans cette atmosphère impure qui s'étend sur le Levant. D'abord élèves vice-consuls, puis placés dans les consulats, leurs connaissances les préserveraient des intrigues; ils pourraient prendre quelque consistance dans les postes qu'on leur confierait, et exercer une protection efficace, sans laisser de fâcheux ou de ridicules souvenirs. Une carrière s'ouvrirait devant eux, digne de leur éducation, digne surtout du gouvernement qui se fait un devoir de protéger les fils d'employés vivant dans un long exil et dans une lutte perpétuelle contre une administration abominable et contre les vexations de toute espèce suscitées par le fanatisme et la barbarie. En un mot, il faudrait ne jamais croire que l'on doive agir dans le Levant comme en chrétienté; il ne faudrait jamais supposer qu'un homme habile dans une partie quelconque de l'Europe le sera dans une Échelle. Il faut au contraire des hommes spéciaux, un corps à part. Si nous voulions donner des exemples, nous n'aurions qu'à citer l'Autriche, et nous verrions que ses drogmans loin de voir la porte des consulats se fermer devant eux peuvent au contraire aspirer aux ambassades. Aussi cette puissance est-elle la seule dont on ne connaisse jamais les démarches à Constantinople, et qui, indépendamment des circonstances particulières, ait quelque crédit près du divan. Nous pourrions également citer la Compagnie anglaise des Indes, et quelle différence ne trouverions-nous pas entre les agents spéciaux qu'elle nomme et ceux qu'envoient les gouvernements de l'Europe! ceux-là sont considérés comme des intermédiaires entre l'homme et la divinité. Le chef de la moindre résidence marche l'égal des souverains devant lesquels tremblent nos consuls; trente-cinq mille Anglais suffisent pour gouverner quatre-vingt millions d'hommes, et, on doit le proclamer, cette facilité de gouvernement tient à la science et à l'éducation convenables que la Compagnie sait donner à ses agents. Or, voici comment sont nommés les agents près des puissances asiatiques. Aucun ne peut entrer dans l'administration civile s'il ne connaît une des langues usitées dans l'Orient; on attache les jeunes gens aux différentes résidences, afin qu'ils s'instruisent des mœurs et des usages; quant aux drogmans, ils ne sont jamais officiers mais plutôt ce que l'on appelle *grands domestiques* des consuls ou des résidents; tout officier anglais leur est supérieur; ils ne sont pas non plus responsables près de la Compagnie, qui ne connaît que ses employés européens; ceux-là doivent s'arranger de manière à remplir leurs devoirs, et ils se servent des hommes qu'ils jugent leur convenir. Cette méthode, la plus simple de toutes, est aussi la plus en harmonie avec les mœurs des Orientaux, qui ne peuvent concevoir qu'il faille pour administrer un misérable consulat plusieurs individus indépendants les uns des autres, souvent égaux en rang, et correspondant chacun de leur côté avec le gouvernement.

Nous avons exposé le mode de composition des consulats, et il ne sera pas difficile d'en conclure que les opinions qu'il pouvaient émettre étaient dictées par leurs entourages, par des hommes qui naturellement étaient ennemis des Grecs. Si nous en venons aux ambassades qui étaient le centre où se réunissaient les vœux du commerce, des habitants et des employés, nous ne serons pas surpris qu'elles aient été influencées à leur tour, et qu'elles aient transmis les opinions accréditées autour d'elles.

C'est à ces causes que l'on doit attribuer la lente intervention des puissances dans les affaires de la Grèce; c'est à ces causes que l'on doit rapporter cette fausse prévision des événements qui est venue déconsidérer la diplomatie et a obligé les différents cabinets à suivre les événements sans pouvoir jamais en maîtriser aucun. On a vu en effet des hommes d'état, des publicistes distingués, chercher sérieusement des carbonari et des libéraux parmi de malheureux esclaves qui voulaient se soustraire au bâton et à l'infamie; puis, un congrès de souverains délibérer gravement si l'on entendrait leurs plaintes et leurs doléances; ils connaissaient cependant peu les théories du droit social, ceux qui s'étaient soulevés, et leur surprise a dû égaler leur indignation, lorsqu'ils ont trouvé chez des rois chrétiens moins de miséricorde que n'en montrent en pareil cas le grand-seigneur et ses visirs.

Je ne pouvais, après quelques jours de résidence, reconnaître toutes les raisons que je viens d'exposer comme ayant donné aux gouvernements une fausse opinion de la révolution grecque; aussi adoptai-je les principes reçus à Péra. Quelques traits de générosité que l'on me cita me donnèrent une haute idée du caractère turc; la situation malheureuse des Grecs m'était trop peu connue pour que je pusse l'apprécier; on se gardait surtout de dire une vérité incontestable, c'est que celui d'entre eux qui aurait voulu être un honnête homme comme on l'entend dans notre Europe, aurait vu renverser sa fortune et compromettre son existence sans qu'on le considérât autrement que comme victime de sa propre sottise. Aussi, quand je quittai la capitale de l'empire ottoman, mes vœux n'étaient pas en faveur des opprimés. Du moins si je me trompai ce ne fut que par ignorance, et je suis loin de croire que cet aveu puisse nuire au crédit que l'on peut donner à mes raisons.

CHAPITRE IV.

SITUATION DE LA GRÈCE EN 1826. — DISCUSSION ENTRE LA LA PORTE ET LA RUSSIE. — CONFÉRENCES D'AKERMAN, — POLITIQUE DU MINISTÈRE ANGLAIS. — CAUSES DES DIVISIONS ENTRE LA TURQUIE ET LA RUSSIE. — SITUATION RESPECTIVE DE CES DEUX PUISSANCES.

Pendant mon séjour en Asie, la révolution des Grecs avait vivement excité l'intérêt général de l'Europe. Peut-être les personnes qui s'intéressaient à leur cause les considéraient-ils avec une prévention aussi grande que leurs adversaires. Au dire des apologistes, rien ne pouvait être comparé à leur valeur, à leur amour pour la patrie; ils étaient dignes de leurs ancêtres; ils avaient hérité de leurs vertus. Malheureusement il n'y avait pas moins d'exagération dans l'éloge que dans le blâme. Je venais de les voir dans l'Asie-Mineure et je ne reconnaissais que des infortunés qui cherchaient à secouer leurs chaînes; mais chez lesquels le patriotisme n'était le plus souvent qu'un prétexte pour satisfaire leur cupidité, leur amour du lucre et de la rapine. Leur courage n'était qu'une cruauté révoltante, et, disons-le avec franchise, je ne les ai jamais vus courageux que pour le vol; ils avaient tous les vices que peut faire naître la plus abominable administration, mais aucune de ces vertus qui ne se trouvent que chez les peuples libres et civilisés. La religion seule les unissait dans leur haine contre les Turcs, et trop souvent ils la sacrifiaient au désir d'acquérir des richesses, au besoin de la vengeance et à la jalousie. Tel était le caractère général. Quelques exemples se sont rencontrés que l'histoire consignera comme dignes de l'antiquité; elle n'oubliera ni le caractère bon et confiant, ni le courage héroïque, ni le parfait désintéressement d'un homme tel que Canaris; elle nous parlera de l'habileté du prince Mavrocordato, de la bravoure de Miaulis; elle dira plusieurs citoyens plus obscurs, dont la générosité et la grandeur de caractère ont brillé pendant cette révolution comme pour consoler des scènes horribles et dégoûtantes qui l'ont signalée. Mais pourrait-elle confirmer toutes ces louanges données sinon avec mauvaise foi, du moins avec une connaissance imparfaite des hommes et des événements !

Depuis le départ de l'ambassade russe de Constantinople, les puissances européennes désiraient vivement que la bonne harmonie fût rétablie entre le czar et le sultan. S'il faut dire la vérité, la Porte n'avait manqué en aucune manière au traité de Bucharest lorsque le baron de Strogonoff jugea convenable de se retirer; la Russie au contraire n'avait fait aucun cas des conventions à sa charge; ainsi elle n'avait pas hésité à garder sur la Mer-Noire les forteresses qu'elle aurait dû rendre; n'ayant pas sur cette mer un seul bâtiment qui eût été construit en Russie ou qui fût monté par des Russes, elle avait trafiqué de son pavillon avec une telle impudeur qu'il couvrait les neuf dixièmes de la marine grecque; de plus elle profitait de la protection religieuse qu'elle avait droit d'accorder à la Moldavie, à la Valachie, pour s'immiscer dans toutes les affaires intérieures de ces pays et susciter de nouveaux embarras au divan. Non contente de ces avantages, elle cherchait à se faire livrer par un traité un des ports du Bosphore, qui l'aurait rendue maîtresse de la capitale. Tels étaient les griefs de la Porte contre la Russie, et certes ils étaient mieux fondés que ceux que la Russie a exposés dernièrement pour en venir au traité d'Akerman ; on s'étonnera que dans cette circonstance la Russie n'ait pas osé invoquer comme griefs les outrages faits à ses coréligionnaires, ni soutenir ouvertement des malheureux qu'elle avait elle-même excités, auxquels elle avait prodigué ses conseils et ses secours. L'Europe, qu'elle avait cherché à dominer par une exposition exagérée de ses forces et de ses ressources, a été témoin d'une déloyauté semblable à celle dont avait eu à gémir la Morée sous le règne de Catherine. Cependant, à défaut de la Russie, des publicistes de France et d'Angleterre plaidèrent la cause des victimes; la commisération publique fut excitée, on fournit des secours, des armes; des officiers partirent pour discipliner les troupes; les gouvernements eurent honte de leur inaction et ordonnèrent à leurs délégués de faire des remontrances à la Porte, de prêcher la tolérance et l'humanité, comme si de pareilles recommandations pouvaient avoir quelque effet près des Turcs. Ils y répondirent par les expéditions de Chio, d'Aïvali, d'Ipsara. Ces scènes affreuses étaient passées lorsque l'Angleterre, craignant qu'elles ne fussent un nouveau prétexte à l'ambition des Russes, envoya à Pétersbourg un négociateur chargé de s'entendre sur le sort des Grecs. Il faut toujours admirer dans ces événements la marche que l'on s'est obstiné à suivre, de parler au lieu d'agir, de tourmenter ces hommes barbares de notes diplomatiques, que quelquefois ils ne lisent pas, auxquelles souvent ils ne daignent pas répondre, au lieu de leur en imposer par la force; en un mot, de s'engager sans résolution arrêtée, sans plan fixe, et probablement sans bonne foi. Une décision fut prise, connue sous le nom de protocole; dès qu'on l'eut signé, la Russie, certaine qu'il ne serait pas fidèlement exécuté, envoya un *ultimatum* à la Porte, et l'on ouvrit les conférences d'Akerman. Qui pourrait dire combien de démarches furent faites près du divan pour l'engager à montrer quelque bonne volonté, afin de prévenir la guerre qui le menaçait? On a cru que, considérant les réformes à faire dans l'empire, effrayé de l'appareil des forces qu'on lui présentait, il s'était cru trop heureux d'en finir par un traité; il serait plus vrai de dire que son obstination fut vaincue par les sollicitations toujours renouvelées des Européens; probablement même fut-on obligé d'employer la séduction. Une chose toutefois paraîtra remarquable: le protocole sur la Grèce était signé, et sans doute la cour de Pétersbourg tenait à son exécution; cependant on n'en fit à Akerman aucune communication aux commissaires du divan. Je ne sais s'il était fort loyal de s'accommoder d'abord avec les Turcs, pour se présenter quelque temps après armé de nouvelles prétentions. Ainsi la paix venait de se conclure entre la Porte et la Russie, mais les affaires de la Grèce étaient loin de se présenter sous un jour aussi favorable. Des membres influents des comités philhelléniques venaient de la parcourir pour s'assurer de la position des choses. Les secours arrivaient plus abondants, l'escadre turque avait été forcée de rentrer dans la capitale, après avoir tenté une expédition inutile; de misérables navires de commerce l'avaient chassée jusqu'à l'entrée des Dardanelles; d'un autre côté, le général Karaïskaki, après avoir recruté quelques troupes qui se chargèrent de veiller à la récolte du raisin, donnait de vives inquiétudes aux Turcs campés dans l'Attique. Les ambassades, plus éclairées par l'expérience, ne s'en rapportaient plus aux opinions des habitants de Péra, et chaque jour elles prenaient un plus vif intérêt à l'affranchissement. A mesure que l'on s'occupait davantage des affaires grecques, elles paraissaient sous un jour plus vrai; on reconnaissait la légitimité de l'insurrection, et si on ne mettait pas un zèle ardent à la défendre, du moins le zèle était éclairé et consciencieux. Il était difficile, en effet, de ne pas voir que les relations directes avec la Porte étaient chaque jour plus fâcheuses, que les capitulations étaient à chaque instant enfreintes, que les priviléges dont jouissaient les Européens étaient chaque jour de plus en plus restreints. D'un autre côté, l'opinion publique, si favorable aux Grecs, avait pénétré jusque dans les cabinets, et y avait trouvé un homme capable de la comprendre et de la tourner de manière à assurer la tranquillité de l'Europe, et à opposer une digue aux barbares du Nord. Cet homme était G. Canning. On ne peut nier que ce soit lui qui ait donné l'impulsion aux autres cabinets signataires du traité de Londres Si l'on considère l'appui que prêta l'Angleterre à la cause grecque sous son ministère reconnaissant le tribunal des prises de Naples de Romanie ; si l'on veut considérer l'arrivée de lord Cochrane dans le Levant, et cette proclamation dans laquelle il ne parle de rien moins que de planter l'étendard de la croix sur le dôme de sainte Sophie ; enfin si l'on examine attentivement le langage des feuilles ministérielles de cette époque, on ne saurait douter que le but éloigné ne fût le rétablissement de l'empire Grec. Je n'examinerai pas dans ce moment si les choses étaient alors préparées pour un si grand résultat ; je me bornerai à dire que s'il avait eu lieu peu d'événements eussent été aussi glorieux, aussi utiles à l'humanité, aussi avantageux à la paix publique.

Je ne pourrais mieux démontrer ce que j'avance qu'en exposant quelles sont les relations de la Turquie et de la Russie ; qu'en prouvant que la guerre est le résultat nécessaire de la position respective de ces deux puissances, et que le seul moyen de l'empêcher est de former un état nouveau qui, par ses formes et ses préjugés, ne soit pas constamment en hostilité avec ses voisins.

La Russie touche la Turquie par toute sa frontière de la Moldavie; Constantinople, passage obligé de tous les bâtiments qui de la Mer-Noire viennent dans la Méditerranée, peut, à cause de ses relations constantes, être considérée comme une autre frontière; nouvelles frontières encore dans le Caucase, où des peuples que les traités ont laissés sous la protection de la Porte divisent entièrement les possessions russes; enfin les deux empires se touchent par les provinces situées au-delà du Caucase, et qui sont limitrophes des pachaliks d'Akarlsik, de Kars et de Bayazid.

C'est une chose assez évidente que la Moldavie et la Valachie excitent chez les Russes peu d'intérêt; qu'est-ce en effet que des pays depuis long-temps ravagés par la guerre, habités par un peuple rare et paresseux, ne produisant que ce que fournissent abondamment la Bessarabie, la Crimée et les côtes de l'Azof? L'intérêt, en ce qui touche Constantinople, est bien différent. Que l'on observe que le moindre ordre du grand-seigneur, fermant l'entrée du Bosphore, ruine les places maritimes de la Russie, arrête son commerce, frappe de mort ses provinces méridionales, et on concevra combien un point d'appui dans le canal est important pour cette puissance; on concevra ses démarches pour l'obtenir, démarches qui jusqu'à ce jour ont été repoussées par la Porte.

Après Constantinople, le Caucase donne le plus de motifs de discussions entre les deux puissances. Cette chaîne de montagnes est habitée par des peuplades sauvages que les traités ont laissées sous la protection de la Porte. L'amour du pillage et la haine contre la Russie les poussent sans cesse à commettre des hostilités sur son territoire. Elles se précipitent à certaines époques de l'année sur les villages russes, ou bien interceptent les routes et envoient en esclavage les prisonniers qu'elles enlèvent. La Russie ne manque pas de faire des représentations à la Porte, mais celle-ci n'a aucun moyen de donner satisfaction; les offenses restent impunies, et le plus ordinairement le divan ne s'en inquiète guère, parce que les protégés sont mahométans, et que des avantages remportés par eux sur les infidèles ne peuvent que leur être agréables. Quant aux pachalicks de Kars, d'Akalsik et de Bayazid, ils ne donnaient que peu de motifs de mécontentement; les Turcs sont là en possession du commerce; les Russes n'ont pas une seule barque qui leur appartienne, et ceux de leurs négociants qui s'aventurent par terre sur le territoire voisin sont des Arméniens qui connaissent mieux que l'autorité le moyen de se protéger et de parcourir le pays sans courir de grands risques. On ne peut reprocher de ce côté aux Turcs qu'un commerce peu important d'individus que l'on enlève dans la Mingrelie et le Guriel, et l'on a droit de s'étonner qu'un gouvernement, chez lequel on vend les hommes en masse, dans les transactions de Moscou et aux contrats de Kieff, se montre si chatouilleux sur le commerce des esclaves.

J'ai montré dans mon voyage en Turquie combien peu la Porte a d'autorité sur ses sujets; elle ne saurait en aucune façon empêcher les habitants du Caucase de se précipiter sur les Russes, non plus que de faire le commerce d'esclaves, autorisé par les mœurs et les habitudes. Toutes les charges étant vénales et non rétribuées, elle ne saurait en outre empêcher que les bâtiments russes n'éprouvent des retards et des contrariétés à leur passage à Constantinople. Aussi regardé-je la guerre comme amenée plutôt par la force des choses que comme le résultat d'une haute politique, d'un vaste plan tracé d'avance. Je suis intimement convaincu que si la guerre n'avait eu lieu dans ce moment, elle serait devenue plus tard inévitable, car la Turquie n'aurait jamais manqué de donner des prétextes pour la faire naître. Ses conséquences peuvent devenir funestes, car rien n'est aussi dangereux pour l'Europe entière que l'agrandissement d'une puissance toute militaire, qui ne connaît d'autres lois que la volonté du souverain, et où le souverain est entouré d'une noblesse qui ne peut s'illustrer que par les armes; qu'une puissance qui lorsqu'elle se sera affermie se trouvera dans une indépendance totale des autres états; qui tirera de son sein toutes les productions nécessaires aux pays civilisés, et qui malheureusement ne présente pas plus de garanties morales que la Turquie elle-même. Que l'on considère, en effet, que jusqu'à ce jour les conquêtes des Russes avaient été pour eux d'un médiocre avantage. Ils ne s'étaient établis que sur de vastes plaines au milieu d'une population rare et asservie. L'absence de tiers-état et d'hommes industrieux les rendait tributaires de l'Europe; mais aujourd'hui qu'ils veulent dominer sur des peuples libres, habiles dans toutes les spéculations, propres à tout entreprendre, qui oserait dire que, s'étendant d'une mer à l'autre, embrassant l'Europe dans un arc de cercle, maîtres des contrées fertiles dont ils détruiront les libertés, ils ne pressent de tout leur poids sur les nations civilisées? Ils connaissent peu la nature de son gouvernement ceux qui se fieraient à des protestations, croyant que ces protestations opposeraient une barrière suffisante au caractère national, aux mœurs et à l'éducation. Telle n'était pas l'opinion de l'homme d'état que j'ai cité; les Anglais sont de tous les peuples ceux qui savent le mieux la position des affaires en Asie, où ils entretiennent de nombreux agents, où ils exercent une si grande influence. Rien n'était plus urgent que de réconcilier les deux puissances; mais rien ne présentait de plus grandes difficultés que de détruire les prétextes de rupture, que d'obliger à la fidèle exécution des traités des voisins également empressés de les violer. Le rétablissement de l'empire Grec pouvait seul résoudre ce problème. Il jetait dans la balance européenne un peuple neuf, docile à prendre telle forme de gouvernement qu'on aurait voulu lui imposer ; alors la terre fertile de la Grèce ne serait pas restée inculte ; alors l'industrie se serait développée ; une administration régulière succédant à l'anarchie turque, le premier czar ambitieux n'aurait pas eu constamment un motif légitime de s'emparer de Constantinople. Je sais comme on est porté à traiter de rêves les spéculations un peu étendues, et je n'en suis pas moins persuadé qu'il eût été facile d'arriver au résultat que j'indique ; le traité du 6 juillet même, s'il eût été exécuté avec fermeté et bonne foi, aurait suffi pour l'amener. Telle était la prévision du ministère anglais, qui espérait de cette manière soustraire Constantinople et l'Europe à la domination russe, et créer une nation qui aurait été l'amie naturelle des puissances du midi, et spécialement de la France et de l'Angleterre.

Voilà quelle était la position des choses lorsque j'arrivai vers la fin de 1826; le protocole de Pétersbourg était signé; les conférences d'Akerman avaient été terminées, et un ambassadeur russe venait d'être nommé près la Sublime Porte. Le général Guilleminot venait de son côté d'arriver à son ambassade; la bonne harmonie paraissait régner entre toutes les puissances, mais déjà on soupçonnait que la paix ne serait pas de longue durée.

CHAPITRE V.

SÉJOUR A CONSTANTINOPLE EN 1827. AFFAIRES POLITIQUES. — PRÉJUGÉS DES TURCS. — LEURS OPINIONS SUR L'ART MILITAIRE. — CONDUITE DES GRECS DE CONSTANTINOPLE.

J'avais pris la précaution de louer une chambre à Péra, et cette fois je ne fus pas obligé de me rendre dans une hôtellerie. Quelques jours après mon arrivée j'assistai à une fête donnée à Thérapia par l'ambassadeur, en l'honneur de notre souverain. Depuis longtemps j'avais oublié les pompes et les plaisirs de l'Europe; je me crus transporté dans ma patrie que tout me rappelait, le langage, le costume et le motif qui nous rassemblait. Mon dessein était toujours de me rendre à Smyrne, de faire une excursion dans l'Archipel, puis de traverser la Caramanie et la Syrie, pour me rendre ensuite à Alexandrie. Cependant je résolus de rester pendant l'hiver à Constantinople, pour y mettre mes notes en ordre et pour me reposer un peu de mes fatigues. Je profitai, pendant mon séjour, des plaisirs qu'offre cette capitale, et je connus mieux les éléments dont se compose la société que l'on y rencontre. Bien que les différentes nations s'y trouvent souvent réunies, l'intimité ne s'établit guère qu'entre compatriotes. L'ambassadeur m'avait permis de vivre avec les jeunes de langues attachés à son ambassade, et le docteur Schultz, que l'on envoyait en Perse pour faire des recherches sur les manuscrits orientaux, partageait la même faveur. Je n'oublierai ni l'hospitalité cordiale que je trouvai dans cette réunion, ni la bienveillance que me montrèrent le général Guilleminot et les personnes attachées à sa légation.

Pendant cet hiver, les affaires politiques prenaient chaque jour un caractère plus grave; la Porte ne dissimulait plus le vif mécontentement que lui causaient ces invitations, si souvent répétées, de s'accommoder avec les Grecs. Voici le résumé de ses réponses chaque fois que l'on en venait à ce sujet : « Que vous importe ? — De quoi vous mêlez-vous ? — Sont-ce vos affaires ?. — Le Grand-Seigneur n'est-il pas souverain des pays théâtre de l'insurrection ? Dans ce cas, n'est-il pas maître de les traiter comme il l'entend ? — Vous défendez les Grecs parce qu'ils sont des infidèles, vous l'êtes vous-mêmes, et les infidèles sont tous d'accord, comme grâce au ciel tous les vrais croyants sont unis pour defendre leur religion. » En parlant ainsi, les Turcs ne pensaient pas, sans doute, qu'une intimité parfaite regnât entre toutes les puissances ; on avait assez de soin de les avertir de la division et de la jalousie qui les animent à Constantinople plus que partout ailleurs ; mais ils pensaient, en bons mahométans, que toute inimitié devait cesser devant l'intérêt religieux. Il faut dire la vérité toute entière; aucune puissance n'a sur le gouvernement ottoman une influence marquée. Le dernier des Turcs se croit un homme autrement important que le plus grand potentat de l'Europe, et tel est le préjugé, que le petit nombre de ceux qui ont une opinion contraire, n'oserait la manifester. Et qui douterait de ce que j'avance, n'aurait qu'à voir à Constantinople, les hommes chargés de porter la parole pour des gouvernements, se glisser dans l'antichambre des ministres près desquels leurs fonctions les apellent, chausser là des pantoufles jaunes, et attendre au milieu des valets insolents qu'on leur fasse l'honneur de les recevoir; puis s'ils parviennent à être introduits, que l'on examine leur satisfaction quand on daigne leur permettre de s'asseoir, ou quand, dans un jour heureux, on leur fait le singulier honneur de leur offrir une pipe et du café; souvent ils refusent cette faveur, et espèrent par cet acte d'humilité réussir dans leurs demandes. Sont-ils chargés de porter des paroles un peu fortes, que d'artifice dans leur langage! quelles formes, quelles précautions oratoires, comme ils se retranchent sur le malheur de leur position, qui les oblige à exprimer des sentiments qu'ils ne partagent pas! Et encore ne parviennent-ils pas toujours à éviter les injures. Tu m'ennuies. — Vous êtes des chiens, des infidèles. — Cela suffit. — Nous verrons. — Tais-toi. — Si tu cries, je te ferai couper les oreilles. Voilà des réponses que l'on reçoit quelquefois, que l'on supporte en silence et dont on ne s'offense guère, parce qu'on y est habitué et qu'on les considère comme un droit acquis, souvent même comme l'expression d'une douce familiarité.

Il n'est pas étonnant qu'avec de pareils préjugés la Porte ne fût pas disposée à céder aux sollicitations dont on l'obsédait par rapport à la Grèce. A l'impatience succéda le mépris de tant de démarches qui n'étaient suivies d'aucune démonstration hostile ; elle commença à traiter les Européens avec moins de considération encore qu'elle n'en avait montré jusqu'alors. Les janissaires qui veillaient à la porte des palais des ambassadeurs ayant été dispersés, on leur donna pour gardes des domestiques du vaïvode de Galata, qui font le plus ordinairement le métier d'espions dans la capitale, et on ne voulut entendre à aucune des observations qu'on fit pour les remplacer par des troupes régulières ; d'un autre côté, la douane mit dans ses opérations une rigueur que jusqu'alors elle n'avait pas déployée ; enfin le reis-effendi, c'est-à-dire le chef des matelots, domestique du grand visir, chargé des affaires des Européens, ne craignit pas d'annoncer un jour, que le premier interprète de l'ambassade de France lui déplaisait, et qu'il ne voulait plus avoir à faire à lui. On resta par conséquent près d'un mois sans relations avec les autorités.

Il ne faudrait pas supposer que de pareils procédés eussent lieu par ordre du Grand-Seigneur ; loin de les commander il ne s'occupait aucunement des Européens, et il aurait été étrangement surpris d'apprendre qu'ils prenaient un si grand intérêt à ses affaires. Aucun de ses serviteurs n'aurait osé l'instruire d'une telle insolence. Le grand visir lui-même s'en occupait peu et son attention était assez excitée par le soin de conserver son emploi, et par celui d'administrer l'empire, d'enrôler de nouvelles troupes et de s'opposer aux entreprises des janissaires.

Cependant loin de se décourager, loin de s'irriter de ce silence et de cette obstination, les cabinets européens ne continuaient pas moins à envoyer leurs éternelles notes, et c'était un curieux spectacle que cette suite non interrompue de courriers, d'agents diplomatiques dont l'arrivée et le départ ne produisaient à Constantinople d'autre effet qu'un mouvement prononcé dans les comptoirs, charmés d'avoir une occasion de recevoir ou de préparer des lettres. L'inertie du sérail était un mur contre lequel venaient se briser les phrases longuement élaborées dans les bureaux des capitales, les projets les mieux combinés, les représentations les plus sages, les plus pompeuses protestations sur les droits des souverains, sur leur mécontentement, sur la religion et sur l'humanité. Pour se conformer aux intentions de leurs gouvernements, les ambassades étaient de leur côté obligées de dissimuler les mortifications qu'elles recevaient dans la personne de leurs interprètes, et certes on ne saurait trop applaudir à l'habileté qu'elles montrèrent dans ces circonstances difficiles. Il est évident que, si la conduite du divan eût été publiée, les Russes en auraient fait un prétexte pour élever encore davantage leurs prétentions, et qu'ils se seraient récriés sur l'impossibilité de s'entendre définitivement avec leurs ennemis. Tant de soins et de prudence ne furent pas perdus; l'envoyé de la cour de Pétersbourg reçut l'ordre de se rendre à Constantinople et de veiller aux affaires de la Russie, qui jusqu'alors n'entretenait plus qu'un agent commercial, autrefois chargé d'affaires à Bucharest. La Porte ne fût pas insensible au plaisir que devait lui causer cet accommodement momentané; elle avait le temps de s'occuper de son organisation nouvelle et d'opérer les réformes nécessaires. Elle se hâta de lever des troupes et de les exercer régulièrement. En même-temps elle fit construire comme par enchantement de vastes casernes destinées à les loger. Quelques officiers européens eurent mission de les instruire, mais on était loin encore de savoir exactement ce que l'on faisait.

Pour montrer quelle idée avaient les Turcs de la discipline et de l'organisation militaire, je crois qu'un exemple ne sera pas inutile. L'ancien capitan-pacha, aujourd'hui Seraskier-Kosrow, avait eu avec les Européens des relations fréquentes; pendant sa dernière et malheureuse campagne dans l'Archipel, il avait pris à sa solde un ancien sous-officier français, nommé Gaillard, et l'avait chargé d'exercer ses troupes régulières. Un officier vint, qui espérait concourir par ses connaissances à la nouvelle réforme, et qui fut admis comme instructeur du bataillon qu'avait levé le successeur de Kosrow. Animé du désir de se signaler et d'être utile, il formait de magnifiques plans de réforme et d'administration; bientôt après il comprit qu'il en serait réduit à faire exécuter de simples évolutions, et encore n'eut-il pas le bonheur de plaire à son chef. Un jour que celui-ci assistait à l'exercice, il fit venir l'instructeur et lui dit : « Te moques-tu de moi ? Je te paie deux cents piastres par mois de plus que Kosrow ne donne à Gaillard, et tu montres à mes troupes précisément ce que l'on enseigne aux siennes; c'est du nouveau que je te demande; je suis fatigué de voir ces hommes rangés sur deux files exécuter toujours les mêmes mouvements. Je vais, moi qui ne suis pas militaire, te montrer qu'on peut faire mieux. » A ces mots, le grand amiral ôta sa longue robe, se saisit du fusil, puis faisant battre le tambour, marchant avec lenteur ou célérité, suivant le bruit de la caisse, il rangea sa troupe en rond, en ovale, en triangle, pensant à chaque manœuvre avoir fait une découverte nouvelle dans l'art militaire. Puis il sollicita l'approbation de l'officier, et lui demanda combien de jours encore il faudrait pour que sa troupe fut suffisamment instruite. Trois mois, répondit celui-ci. « C'est trop, dit le pacha; si vous, qui êtes des chiens de chrétiens, avez besoin de trois mois d'études, grâces à notre sainte religion, nous devons en apprendre autant dans quinze jours; ainsi, vois si tu peux réussir dans cet intervalle; il faudra alors que je fasse manœuvrer mon monde devant notre Seigneur; et dans le cas où tu resterais, si je n'étais assez heureux pour obtenir son approbation, je te préviens que peu m'importerait ta qualité de Français, que je te considérerais comme mon serviteur et que je te châtierais comme tel ». On conçoit qu'un homme honorable ne pouvait rester à de telles conditions; aussi l'officier que je cite ne tenta pas l'expérience, et en fut pour ses frais de voyage et pour les dépenses nécessaires à son établissement.

Ainsi la formation de l'armée régulière n'était considérée par plusieurs hauts fonctionnaires que comme un moyen comme un autre de rassembler des hommes, et surtout comme une occupation agréable et divertissante. Lorsqu'il y avait une revue, et elles avaient ordinairement lieu à Dolma-Bagtché, près de la ville, une foule considérable ne manquait pas de s'y rendre; les femmes surtout s'y précipitaient, et, s'asseyant sur de petits tapis, elles fumaient tranquillement en considérant ce spectacle nouveau. Il était peu du goût des hommes de les troubler dans leurs contemplations ; les plus âgés ne voyaient pas sans dépit l'introduction de ces mœurs étrangères, mais tous se taisaient, et leurs observations portaient plus ordinairement sur les formes plus ou moins gracieuses des jeunes soldats. On ne manquait pas, pendant ces exercices, de faire de fréquentes décharges d'armes à feu, et vus de loin, ils présentaient un spectacle assez majestueux. Les Turcs montraient quelque fierté de ces simulacres de guerre ; voyez, disaient-ils souvent aux Européens, combien nous serions redoutables, quelle quantité de soldats! c'est pour vous châtier que nous avons adopté cette nouvelle méthode, et, Dieu aidant, cela ne tardera pas. Ils ne manquèrent pas, le jour même de l'arrivée de M. Ribeaupierre, d'engager une fusillade beaucoup plus vive que de coutume, comme pour donner au nouveau venu une haute idée de leur puissance.

Si ces troupes n'étaient pas de nature à inspirer une grande crainte à des armées européennes, du moins elles entretenaient une grande sécurité dans cette ville siége de tant de désordres. Des patrouilles la parcouraient dans tous les sens; des corps de garde étaient établis de distance en distance; chacun pouvait avec confiance vaquer à ses occupations; on ne courait plus, comme à mon premier passage, le risque d'être insulté ou battu à chaque pas. Les Grecs eux-mêmes jouissaient d'un repos parfait; un jour il parut un ordre du grand-seigneur, qui leur ordonnait de se divertir le dimanche comme par le passé. Ils n'eurent garde d'y contrevenir, et se rendirent en grand nombre au champ des morts. Le capitan-pacha avait de son côté pris la résolution de veiller *incognito* à l'ordre public; il alla, suivi de son cortége, au lieu de réunion, puis passant derrière un monticule, il changea de vêtement pour se déguiser. Un Arménien malhabile s'avança trop près de son excellence, et fut puni par le plus vigoureux coup de bâton que j'aie vu donner. C'était un garde du pacha qui le lui avait administré avec une espèce de massue qu'il tenait à la main. Tout autre serait tombé sous le coup, mais l'habitude était telle que la figure de cet homme demeura impassible, et qu'il s'enfuit avec une prestesse qui nous étonna. Du reste, la fête ne fut pas troublée par cet incident; personne n'y fît attention ; et le pacha déguisé se remit à la tête de sa troupe et continua sa tournée.

Les Grecs étaient d'autant plus disposés à se réjouir à cette époque que les affaires de leurs compatriotes prenaient une meilleure tournure. Ils apprenaient l'arrivée de lord Cochrane et celle du général Church; ils fondaient sur ces deux personnages des espérances qui devaient bientôt être détruites. Aussi ne craignirent-ils pas de célébrer cet événement dans la capitale même de l'empire ottoman; ils se répandirent dans les tavernes, et y chantèrent sans contrainte aucune les chansons de l'indépendance. On ne saurait concevoir l'insouciance des Turcs pour réprimer ces délits politiques ; nous avons tous vu arriver dans la capitale, pour y vendre leur chargement, les mêmes bâtiments grecs qui avaient combattu la flotte ottomane près des Dardanelles; ils étaient venus à peu près à la même époque qu'elle, sans faire à leur bord d'autre changement que de substituer à leur pavillon celui de la Russie ou des Iles-Ioniennes. Nous avons vu aussi des officiers ou des soldats qui venaient de servir dans les troupes grecques et encore revêtus de leur uniforme, se promener dans les rues de Constantinople, et retourner librement à leur poste, ou prendre du service chez les Turcs suivant leur fantaisie. Des capitaines marchands ont reconnu sur le port les mêmes corsaires grecs qui les avaient dépouillés en mer, sans pouvoir se faire rendre aucune raison.

Ce fut à l'époque de l'arrivée de lord Cochrane et du général Church que je me décidai à quitter Constantinople, où j'avais passé l'un des hivers les plus rigoureux dont on ait conservé le souvenir. La neige qui n'y dure ordinairement que trois jours, couvrit la terre pendant plus de trois semaines; puis succédèrent des nuages qui pendant près de deux mois se répandirent sur la ville, et y entretinrent une pluie fine qui occasiona une espèce d'épidémie dont furent atteints la plupart des Européens. C'était le vent du nord qui amenait la neige; celui du sud apportait les nuages et les brouillards. En me rendant à Therapia pendant cette saison, je remarquai que, lorsque la pluie était le plus abondante, le vent du nord dominait à l'embouchure de la Mer-Noire tandis que celui du sud soufflait à Constantinople; je pensai que les nuages refoulés par le vent du sud étaient arrêtés par celui du nord, qui ne leur permettait pas de franchir les Balkans, et que c'était à cette cause que l'on devait attribuer la constance avec laquelle ils se maintinrent pendant un temps si considérable.

Je ne quittai pas toutefois Constantinople sans avoir fait une excursion dans ses environs; j'allai voir les aquéducs de Justinien, que je n'avais pas visités à mon premier passage, puis les *bendes* ou grands réservoirs d'eau qui les alimentent. Pour faire cette course nous partîmes à pied, nous nous rendîmes à Pyrgos, puis à Bellegrade; nous traversâmes une petite montagne pour descendre dans la vallée de Bujukdéré, enfin nous cotoyâmes le littoral de l'Europe jusqu'à Arnaout-Keui d'où nous revînmes directement à Péra.

CHAPITRE VI.

DÉPART DE CONSTANTINOPLE. — BROUSSE. — BAINS TURCS. — EAUX MINÉRALES. — FILLES PUBLIQUES — DÉPART POUR SMYRNE.

Je devais me rendre à Smyrne, et je préférais suivre la route de terre plutôt que de m'embarquer. Cette fois, du moins, je n'étais pas seul pour voyager; M. le baron Rouen, aujourd'hui résident du Roi en Grèce, avait été envoyé en mission à Constantinople, et devait aussi aller à Smyrne; nous résolûmes de faire le chemin ensemble, et, après les préparatifs nécessaires, nous louâmes une des barques qui conduisent aux îles des Princes, et nous nous dirigeâmes vers la plus grande d'entre elles. Nous suivîmes d'abord la côte d'Asie, et nous arrivâmes dans la soirée, sans autre accident qu'un mât qui avait été rompu par l'impétuosité du vent du nord, et que nous fûmes obligés de réparer en route. L'île où nous abordâmes n'est habitée que par des Grecs. Un Turc est là, vivant dans un café, et qui paraît chargé de les surveiller. Le lendemain à la pointe du jour nous nous embarquâmes de nouveau, et le soir nous étions arrivés à Moudania, petite ville sur la mer de Marmara. Cette ville est peuplée moitié par les Grecs, moitié par les Turcs; on y a établi une douane. Ses environs sont bien cultivés et le paysage est très pittoresque. Cependant les fièvres y sont endémiques pendant le printemps, et les habitants prétendent qu'elles ne dominent que dans la partie où habitent les mahométans. Le quartier grec n'en est pas atteint. Le jour suivant nous parvînmes à Brousse, qui n'en est éloigné que de quatre lieues, et nous nous rendîmes chez M. Crépin, négociant français, auquel nous étions recommandés.

Brousse, l'ancienne Prusia, capitale de la Bithynie, est située au pied du mont Olympe, et domine une vaste plaine, couverte de plantations de mûriers. On compte dans cette ville cent vingt-cinq mosquées et un grand nombre de caravansérails; je ne sais quelle est sa population, mais je suppose qu'elle s'élève au-dessus de cent mille ames. La citadelle commande la ville ; on peut y remarquer d'anciennes murailles de construction grecque ; elle renferme les tombeaux d'Orcan et d'Osmanjik, que l'on a recouverts de schalls de Cachemire; le Turc qui nous y conduisit nous fit voir une croix qui était encore peinte dans une ancienne église convertie en mosquée, et où l'on a élevé ces mausolées.

Les monuments les plus remarquables que l'on trouve à Brousse sont les bains thermaux, situés à quelques pas de la ville, et presque tous placés de manière à faire supposer que les eaux qui les alimentent proviennent de la même source, bien que ce ne soit pas là l'opinion des habitants. Ces eaux thermales ont une odeur sulfureuse et sont plus ou moins limpides; leur température s'élève de 60 à 70 degrés Réaumur. Elles déposent une grande quantité de calcaire coloré par de l'oxide de fer. J'ai remarqué qu'elles surgissaient entre du calcaire secondaire et une couche d'argile siliceuse qui est placée immédiatement au-dessous.

La manière de prendre ces bains est la même que celle qui est en usage dans tout l'Orient; on entre d'abord dans une espèce de vestiaire, où sont placés des tapis pour se reposer; là on se déshabille; on passe ensuite dans une antichambre où la température est plus élevée; on se revêt d'un drap et on entre dans le bain, dont la chaleur est de 36° environ. Cette dernière pièce est entièrement close; à une des extrémités se trouve un réservoir d'eau chaude, et au milieu il y a le plus souvent de l'eau froide. Le pavé est en pierres. Quand on veut élever la température on répand de l'eau chaude sur les dalles, et il s'élève immédiatement une vapeur qui obscurcit l'atmosphère et provoque une transpiration abondante; après quelques minutes de transpiration, un garçon de bain chausse un gant de feutre, et frotte la peau des baigneurs, puis il les masse et les savonne. L'opération de masser consiste à faire craquer les différentes articulations, et à exécuter des mouvements tels, que l'on fasse ressortir les parties de la peau qui se trouvent serrées entre les muscles, dont l'opérateur a soin de suivre la direction. Après ces différentes cérémonies la plupart des baigneurs se plongent dans l'eau chaude; quelques autres, qui ne peuvent en supporter la température, se font jeter sur le corps de l'eau mélangée. Quand tout est terminé on s'enveloppe d'un drap et l'on met une serviette sur la tête pour rentrer dans la première pièce, où l'on se repose quelques moments avant de sortir. On ne saurait trop louer cette pratique hygiénique. Quand on n'y est pas habitué elle fatigue un peu, mais du moins elle est un préservatif puissant contre un grand nombre de maladies. Je n'ai jamais vu les Turcs se plaindre de rhumatismes, de la goutte, et je n'ai que fort rarement observé chez eux des maladies cutanées. Je ne pense pas cependant que l'on doive leur attribuer, comme on le fait généralement, l'absence de cette dernière affection. Les bains sont en effet autant en usage en Perse qu'en Turquie, et cependant les maladies cutanées s'y trouvent fréquemment.

Les bains ne sont pas seulement un usage utile en Turquie, ils entrent pour beaucoup dans les plaisirs des Orientaux. Plusieurs y passent une partie de la journée à causer entre eux, à fumer et à prendre du café; quelques-uns même y prennent leur repas. Les femmes s'y rendent à d'autres heures que les hommes et s'y livrent aux mêmes divertissements. Du reste, tout s'y passe avec une assez grande décence; malheur aux curieux qui chercheraient à s'y introduire ou y entreraient par mégarde quand les femmes sont rassemblées; chacune d'elles s'armerait des pantoufles, qu'on laisse à la porte, et l'indiscret ne se déroberait pas aisément à leur colère.

Les bains sont mis à la portée de toutes les fortunes, et les pauvres peuvent en jouir aussi bien que les riches; il n'en coûte que quelques paras pour la plupart; mais quand un homme distingué s'y rend, c'est toujours avec une sorte de pompe, et il fait une action religieuse en donnant des sommes considérables. Galib-Pacha, d'Erzerum, payait cinq cents piastres chaque fois qu'il prenait un bain, et il n'était ni le plus riche ni le plus généreux des pachas. Quelquefois des particuliers retiennent le bain pour eux seuls, et en sont quittes pour quatre ou cinq francs. C'est le vendredi que les maîtres des bains font la meilleure recette; ce jour est le dimanche des Turcs. Chaque semaine les mahométans doivent cohabiter avec leur femme, d'après la loi du coran; ils choisissent de préférence la nuit du jeudi au vendredi, par esprit de religion. Aussi le vendredi matin voit-on les femmes accourir au bain, portant chacune leur petit paquet de hardes et se complimentant dans les rues. C'est une manière de donner à leurs maris une réputation de bons mahométans.

Les bains sont une fondation pieuse et on les élève rarement par spéculation; ils appartiennent soit aux communes soit au gouvernement; la plupart sont aux mosquées et rentrent dans les biens de Vakouf; il y en a peu à des particuliers. On les afferme à un prix fort modéré, et souvent le soumissionnaire les fait desservir par des esclaves plutôt que par des domestiques loués; ils préfèrent employer les Géorgiens à ce service.

La plupart des bains de Brousse appartiennent au gouvernement; le plus beau de tous, Eski-Kaplidja, est un bâtiment évidemment de construction grecque. Les autres se nomment Yeni-Kaplidja, Kaïnardjé, Kukurdli, Hadji-Moustapha. Tchékirgué est situé beaucoup plus loin. Du reste les Turcs tirent peu d'avantage de ces eaux thermales; il n'en est que très peu qui se rendent à Brousse pour en profiter. Les étrangers, au contraire, et même les Grecs y vont exprès pour se guérir; les Turcs n'y voient que l'avantage de se procurer de l'eau chaude sans allumer de feu. Aussi n'attirent-elles pas à beaucoup près autant de monde que pourraient le faire supposer leur abondance et le charmant paysage qu'offrent leurs environs. Les bains, quoique d'une construction vaste et élégante, sont sales et mal tenus, et sous ce rapport ne valent pas à beaucoup près ceux de l'orient de l'empire, de Trébizonde, de Sivas et d'Erzeroum.

Brousse est peut-être la seule ville où l'on rencontre des filles publiques mahométanes connues du gouvernement; c'est là que l'on exile toutes celles que l'on trouve exerçant à Constantinople leur infame profession; elles marchent la figure découverte, les joues grossièrement fardées et ornées d'une grande quantité de mouches et de dessins tracés avec une épingle et de la poudre à canon. Quelques pièces d'or sont attachées à leurs cheveux; leur front est décoré d'une couronne de sequins.

On récolte à Brousse des fruits de toute espèce et on y fait d'assez bon vin. Mais la soie forme le meilleur produit du pays; elle alimente des manufactures considérables d'étoffes qui servent à vêtir la plupart des habitants. Chacun peut s'habiller pour une somme de soixante piastres (environ vingt-cinq francs). On en fait la robe des hommes et des femmes ainsi que des pantalons pour ces dernières. Une grande partie de la soie s'exporte encore à l'étranger; on lui faisait prendre autrefois la route de Smyrne, mais la Porte, ne voulant pas être privée du droit de douane, avait ordonné que Constantinople eût le monopole de ce commerce. Du reste cette soie, connue sous le nom de soie-de-Brousse, n'est pas seulement récoltée dans les environs; on en apporte de toutes les parties de l'Asie et il en vient jusque de la Perse. Aussi est-il difficile d'apprécier ce que ce produit peut ajouter aux richesses du pays. On l'évalue à vingt millions de piastres par année.

On prétend que l'Olympe a sept cent cinquante toises de hauteur; les neiges n'y sont pas perpétuelles; la montagne est couverte de pins presque jusqu'à son sommet, qui est couronné par un plateau assez étendu, où croît un gazon ras; autrefois il y avait un lac, mais un jour il disparut et ne se forma pas de nouveau; à la même époque le *Niloufer*, rivière qui baigne la plaine de Brousse, s'accrut considérablement et fit de grands ravages. La chaîne de l'Olympe est formée de marbre, et c'est cette pierre qu'on emploie en plus grande partie pour paver la ville et les routes qui y aboutissent; plus on s'éloigne de la cime plus ce marbre devient noirâtre; enfin il prend une apparence schisteuse. Le sommet de la montagne est de granit gris. Les deux chaînes qui renferment la vallée de Brousse vont de l'Est à l'Ouest. C'est aussi la direction du *Niloufer*; cette rivière, qui se jette dans la mer de Marmara, est nommée par les Turcs Delhi-Tchaï (fleuve fou). Lors de la fonte des neiges elle s'élève considérablement et inonde la plaine, qui paraît alors former un vaste lac. Tel était le spectacle qu'elle nous présenta pendant notre résidence. Des pluies continuelles nous forcèrent à séjourner pendant trois jours et nous empêchèrent de faire les excursions que nous aurions désiré. Nous parcourûmes la ville et les bazars, qui ne présentaient rien autre chose que ce que l'on voit dans toute la Turquie; le gouvernement de Brousse dépendait de Constantinople et l'on y exerçait aussi des troupes à l'européenne.

On compte deux jours et demi de distance entre Brousse et Guévé, ce qui, vu la difficulté des chemins tracés à travers la chaîne nord de la plaine, peut faire environ quinze lieues; on compte vingt heures jusqu'à Kutaieh, douze jusqu'à Mohalich, quatre jusqu'à Moudania; la population est composée en partie de mahométans; on y trouve des Grecs, des Arméniens et des Juifs. Quelques Européens s'y rendent pour s'occuper d'achats de soie. Ce sont des agents des maisons de Constantinople. C'est dans cette ville que le divan avait envoyé plusieurs Grecs du Fanar, lorsqu'éclata la révolution; on y remarquait le prince Callimachi et d'autres personnes qui avaient rempli des emplois importants. Tous vivaient de quelques revenus que leur avait laissés la Porte. Je ne pourrais que dire et répéter sur leur compte ce que j'ai déjà dit sur ceux de leurs compatriotes que j'avais vus à Amassia. Comme eux ils avaient le privilége de porter un costume particulier; comme eux ils regrettaient leur ancienne position; comme eux ils formaient un parti invariablement dévoué aux Turcs et ennemi de l'affranchissement de leurs compatriotes.

Nous louâmes à Brousse le nombre de chevaux nécessaire pour nous rendre à Smyrne, et après avoir pris congé de notre compatriote, dont l'hospitalité et les prévenances nous avaient été si agréables, nous prîmes la route de Mohalich.

CHAPITRE VII.

DÉPART DE BROUSSE. — BACH-KEUI. — APOLLONIE. — ANTIQUITÉS DE CETTE VILLE. — LAC APOLLONIUS. — MOHALICH. — MÉDECIN FRANC. — FÊTE TURQUE. — MAGNÉSIE. — ARRIVÉE A SMYRNE.

On compte six lieues de Brousse à Bach-Keui, village situé sur la route de Mohalich. On traverse d'abord le dernier embranchement de l'Olympe, puis on suit un chemin assez uni à travers des campagnes bien cultivées et fertiles en grains. Le village est petit, sale et habité par des Grecs. Nous eûmes toutes les peines du monde à trouver une chambre obscure pour y passer la nuit, et sans la précaution que nous avions prise de porter des provisions nous n'aurions pu trouver rien à manger. Nous étions encore à six lieues de Mohalich, et les habitants nous conseillèrent de nous y rendre plutôt par le lac qu'à cheval; pour cela nous devions aller jusqu'à Apollonie, que l'on nomme encore Apolouna. La route ordinaire longe le bord du lac, tandis que la ville est située à son extrémité et qu'on la laisse à gauche. C'est pour cela sans doute qu'elle n'a pas été décrite. Nous y parvînmes après beaucoup de peine ; l'humidité du terrain était telle, que nos chevaux s'enfonçaient à chaque instant dans les terres grasses et dans les marécages qui séparent Bâch-Keuï des bords du lac; en y arrivant, nous aperçûmes une grande quantité d'hommes qui malgré le froid se tenaient dans l'eau pour y pêcher des carpes d'une grosseur énorme, qu'ils envoient ensuite au marché de Brousse. Ils les vendent là par quartiers; j'en ai vu qui avaient de cinq à six pieds de longueur. Enfin nous entrâmes à Apolouna, après avoir traversé un pont en bois qui sert de défense à la ville; lors des grandes eaux elle est tout-à-fait isolée, mais ordinairement elle est jointe au continent par une langue de terre. La partie occidentale est toujours baignée par le lac, dont la profondeur est assez considérable de ce côté.

J'ai vainement cherché dans les anciens auteurs quels rapports pouvaient exister entre l'ancienne Apollonia et celle dont je parle; il m'a semblé que la distance de 300 stades, qui d'après Strabon la séparait de Pergame, n'était guère que la moitié de celle qui sépare aujourd'hui ces deux villes. Ce ne peut être cependant que celle-là, car la ville d'Apollonis, la seule qui ait quelque similitude de nom, se trouve près de Sardes, au pied du mont Tmolus, nommé aujourd'hui Bouz-Dagh par les Turcs. Apollouna est une ville de deux mille ames, habitée par des Grecs et des Turcs, qui pour la plupart s'adonnent à la pêche. Son étendue étant limitée par les eaux, elle a peu souffert des changements qu'apporte le temps. De fortes murailles l'entourent de tous les côtés, et elle couvre entièrement l'ilot sur lequel elle est bâtie. Nous abandonnâmes là nos montures, et, moyennant la valeur de cinq francs, nous louâmes une barque assez grande pour nous transporter. Comme nous tournions un des bastions, j'aperçus une inscription et une fresque de la plus grande élégance. C'étaient des têtes de taureau jointes par des guirlandes, et surmontées de rosaces. M. de Rouen, qui connaissait l'Italie, prétendait que dans ce pays il n'avait rien vu de plus gracieux en ce genre. Nous ne pouvions guère nous arrêter pour copier l'inscription sous les yeux des Mahométans qui nous observaient; cependant nous en déchiffrâmes les lettres suivantes; il fallut en omettre plusieurs cachées sous l'herbe qui avait cru le long de la muraille. Je ne crois pas qu'elles forment un sens, cependant il y aurait peu de chose à ajouter. J'ai laissé les intervalles où manquent les lettres.

ΙΣΑΡΤΡΑΙ ΑΝΟΣΑΥΣ ΟΕΟΥΣ ΘΕΟΥΝΕΤ III ΠΔΕΙΚΑ

Je regrette vivement que nos affaires ne nous aient pas permis de faire un plus long séjour dans cette ville, et j'invite les voyageurs à la visiter avec plus de soin, car c'est une de celles qui, comme je l'ai dit, ont dû éprouver le moins de changements. Mais, pour cela, il faut être préparé à un séjour, et trouver quelque prétexte de résidence.

Le lac Apollonius a huit lieues de longueur sur cinq de largeur; il est placé entre deux ramifications de l'Olympe, et pour y arriver de Brousse, nous avions été obligés d'en franchir une. Vers l'occident, il touche aux monticules de Mohalich; il n'y a pas de vents dominants, mais des bourasques s'élèvent de tous côtés, et, avec une promptitude incroyable, on passe du calme à la tempête. Sur les bords sont plusieurs villages et une ville nommée Loupad qui lui donne aussi son nom. Les villages principaux sont *Kalaatch* et *Global*. Kalaatch est abandonné, mais on y voit des restes de fortifications d'un genre sévère, comme toutes celles qu'ont construites les Romains; assez semblables d'ailleurs à toutes celles que l'on trouve plus tard à Magnésie. Quant à Global, c'est un îlot joint à la terre par un pont en bois au-dessous duquel nous passâmes. On y voit quelques maisons et d'anciennes murailles en briques. Sur la surface du lac s'élèvent une île et quelques îlots abandonnés; un homme seul était venu s'établir dans l'île principale où il a été enterré; les lauriers roses, l'olivier et le figuier croissent spontanément dans toutes les campagnes que l'on peut découvrir; rien de si beau que l'aspect du lac, lorsqu'on regarde à l'orient; vers l'occident, au contraire, on n'aperçoit que les plaines de Mohalich qui, bien que fertiles, n'offrent pas un coup-d'œil agréable.

Les eaux du lac étaient si élevées vers le 15 du mois d'avril que nous débarquâmes à une portée de fusil de Mohalich, tandis que la plupart des cartes l'en éloignent de trois à quatre lieues.

Mohalich est une ville de quatre mille habitants dont l'industrie consiste dans la culture du mûrier et de la vigne. Il y a bon nombre de Grecs et d'Arméniens qui y font le commerce et on élève le produit de la soie à 2,400,000 piastres. Nous allâmes d'abord dans un assez beau caravanserail situé au milieu de la ville; mais un Arménien auquel nous étions recommandés nous engagea à passer la nuit dans sa maison. Cela signifie qu'il nous plaça dans sa plus belle chambre, qu'il nous fit servir ce qu'il avait de meilleur, qu'il veillait à ce que nous eussions tout ce qui pouvait nous plaire, et que nous aurions pu rester plusieurs jours sans qu'il changeât ses manières à notre égard, et sans qu'il mît plus d'ostentation et moins de cordialité dans ses procédés. Il crut entre autres choses nous faire grand plaisir en envoyant chercher un homme qui exerçait sans scrupule la médecine comme docteur français et en l'invitant à dîner avec nous. Ce pauvre diable, qui était Génois, se présenta d'un air piteux; à peine était-il capable de parler; ses vêtements étaient en lambeaux; il vivait plutôt de la charité publique que de sa pratique. Je lui fis quelques questions sur les maladies endémiques qui règnent au bord de la mer de Marmara; mais il parvint à nous faire comprendre qu'il n'était pas plus médecin que français. Il ne laissait pas toutefois de se croire de beaucoup supérieur à l'hôte dont il mangeait le dîner avec un appétit remarquable. Il n'aurait pas échangé son chapeau crasseux et sa redingote trouée contre le vêtement de l'Arménien quand bien même il aurait dû comme lui tenir bonne maison et se livrer à des spéculations qui demandent du savoir et de l'intelligence. M. de Rouen, peu habitué à rencontrer les Francs errants dans l'Asie, ne pouvait revenir de l'impudence de celui-là, et cependant les habitants ne s'en apercevaient pas; il pourra pendant longues années encore exercer son industrie sans contrainte aucune. Cet art si noble et si beau, à l'exercice duquel aucune science n'est étrangère, qui exige tant de travail et d'observations que l'imagination s'en effraie, cet art qui a pour devise, *ars longa, vita brevis*, n'est pas plus considéré en Orient qu'une autre profession. La meilleure raison pour obtenir la confiance est d'être fils d'un docteur, parce qu'on suppose alors que l'on a reçu de lui quelque merveilleux secret; de même qu'un cordonnier ou un rôtisseur seront d'autant plus respectables qu'ils auront appris leur métier dans la boutique de leur père. Mais si l'on n'a pas l'avantage de compter des médecins parmi ses aïeux, il faut au moins avoir servi chez quelque praticien, c'est-à-dire qu'il faut lui avoir préparé sa pipe et son café, lui avoir présenté ses habits, l'avoir vu composer ses médicaments; alors on est usta (maître), et on peut espérer quelque succès. Les médecins européens de Constantinople sont ordinairement obligés de se servir d'interprètes, et ceux-là ne manquent jamais après quelque temps de les supplanter près de leurs pratiques. Il en est qui se répandent ensuite dans l'intérieur, et notre homme de Mohalich était fort probablement dans ce cas. Voilà où en est en Turquie l'art médical.

Nous partîmes de Mohalich pour nous rendre au petit village de Sousonguerli. Nous traversâmes la rivière du même nom qui coule à son pied, partie en bateau, partie à gué.

parce que les débordements avaient recouvert la plaine au-dessous du village. Elle entraînait dans son cours une quantité d'arbres qu'elle avait déracinés et des roches détachées des montagnes. Ces roches étaient primitives, de granit gris et de marbre. Jusque là nous avions suivi une grande plaine coupée par des étangs et à peu près inculte. On voyait au loin sur la gauche des aquéducs pyramidaux pareils à ceux qui portent l'eau à Constantinople. Toute la plaine était sur du calcaire grossier blanchâtre. On compte sept heures de Mohalich à Sousouguerli, de huit à neuf lieues communes.

De Sousouguerli à Mendehora on a huit lieues de chemin à travers des montagnes dont la cime la plus élevée se nomme Kal-dagh. Sur la gauche sont d'épaisses forêts; ce pays est presque désert, on ne voit d'habitations que sur le revers méridional; encore Mendehora n'est-il qu'un bien misérable village. Les montagnes sont de calcaire et de granit. Le lendemain nous arrivâmes à un petit village nommé Jelemboch, dont les environs sont bien cultivés; il est remarquable par la quantité d'émerillons qui y habitent comme font chez nous les hirondelles. Ils se tiennent sur les maisons et poussent à chaque instant des cris aigus ; ils n'émigrent pas et les habitants ont pour eux un grand respect ; ils pensent qu'ils leur portent bonheur. Ces oiseaux se nourrissent d'une immense quantité de petits serpents et de lézards qui vivent sous les fentes des rochers crayeux situés près du village.

Le jour de notre arrivée, un individu auquel il était arrivé un événement heureux régalait ses compatriotes ; il choisit pour local une des chambres de la maison de poste où nous habitions. Fort heureusement il ne nous invita pas à la fête. Le repas consistait en un pilau d'orge que l'on faisait cuire sur la place publique dans une immense chaudière de cuivre. Deux hommes armés de pelles en bois remuaient le grain de peur qu'il ne brûlât ; dans un autre lieu on faisait rôtir un mouton tout entier. Le mode d'invitation était aussi simple que ces apprêts ; car un mahométan étant arrivé, le premier du village qu'il rencontra lui dit seulement : *il y a fête, va et mange*, et il se rendit où étaient les autres conviés. Dès que le soleil fut couché et que chacun eut fait la prière du soir, les enfants et les femmes du village accoururent armés de plats d'une assez grande capacité pour la famille entière et prirent la première part du festin. Quelquefois ils disputaient sur la quantité. Les hommes se réunirent à part, et leurs plaisirs ne furent pas plus bruyants que de coutume. En deux heures ils eurent expédié leur mouton et la partie du pilau qu'ils s'étaient réservée ; ils avaient pris leur café et s'étaient retirés sans que nous les eussions entendus, bien que nous fussions dans la chambre voisine.

Je ne négligerai pas cette occasion de citer un fait que je ne crois pas sans importance parce qu'il prouve ce que peuvent sur la santé une vie sobre, des habitudes simples et un exercice modéré. Bien que la viande ne soit pas chère en Turquie, la plupart des Turcs n'en mangent que rarement ; leur nourriture habituelle est le riz et le laitage ; cependant quelque quantité de chair qu'on leur présente il est rare qu'ils ne la finissent pas. On cite des individus capables de manger un mouton de moyenne grosseur dans un seul repas. Moi-même j'ai pris le plaisir d'en acheter quelquefois pour la valeur de trois ou quatre piastres (2 francs). C'était alors un spectacle curieux que de voir la joie qui se répandait parmi les muletiers; le plus considéré d'entre eux s'armait de son coutelas, tournait la tête de la victime vers la Mecque, faisait une courte prière en retroussant sa barbe et ses moustaches, puis mettait à mort la pauvre bête en invoquant le nom du *Dieu puissant et miséricordieux*. Tous se plaisaient à préparer le repas en commun; mais, quelque restreint que fût leur nombre, je n'ai jamais vu qu'il restât du mouton autre chose que les os et la peau; et pourtant aucun des conviés n'était incommodé d'une nourriture si différente de celle qu'ils prennent ordinairement. Il n'est personne qui, ayant une fois assisté à ces festins, ne se soit cru reporté aux temps de l'antiquité, qui n'ait cru voir encore Agamemnon et Diomède faisant des sacrifices aux Dieux immortels, immolant eux-mêmes les victimes, présentant au feu les chairs attachées à leurs dards, ou les faisant cuire sous la cendre. Ces vastes appétits feraient presque ajouter foi aux merveilleuses histoires que l'on nous a transmises, et la fable de Milon de Crotone trouverait en Asie peu de contradicteurs.

La plus forte journée que nous fîmes est

d'Ielimbeuch à Palamout; nous étions entrés de nouveau dans les montagnes, et après avoir traversé l'Hyllus nous étions montés sur le pic où est situé Ak-Hissar, village où se croisent plusieurs routes et où nous arrivâmes un jour de marché; avant d'y parvenir nous avions vu un petit lac qui n'est pas porté sur les cartes. Nous marchions sur le calcaire, et une chaussée était élevée à travers des bouquets épais de bois et sur un terrain marécageux. Ensuite nous descendîmes sur le revers méridional et nous arrivâmes à notre destination par une plaine assez douce; le village de Palamout, qui se présente d'une manière assez agréable, est baigné par un ruisseau limpide; il domine une belle plaine qui se joint à celle de Magnésie; nous avions fait neuf lieues jusqu'à cette station; il nous en restait douze à faire pour nous rendre à Magnésie; nous partîmes de fort bonne heure, et après avoir traversé quelques monticules, nous aperçûmes la grande chaîne de montagnes qui la dominent et la séparent de celle de Smyrne. Nous passâmes en bateau la rivière de Sarabad. L'hiver régnait encore à Constantinople lors de notre départ; nous trouvâmes dans la plaine de

Magnésie toutes les chaleurs de l'été, et ce changement subit de climat ne laissa pas de nous incommoder.

Magnésie, que l'on nomme aujourd'hui Manissa, est une grande ville gouvernée par un Musselim ; on porte sa population à quarante mille ames. Une magnifique chaussée antique conduit jusqu'à ses portes où l'on voit une forteresse abandonnée et construite en briques cuites. Cet ouvrage est évidemment un travail romain. Il en est de même de la citadelle, dont on ne voit plus que quelques murailles délabrées qui paraissent sur les flancs de la montagne. Nous allâmes nous établir dans un beau caravansérail placé au milieu du Bazar où nous reçûmes la visite de quelques Grecs qui voulaient nous vendre des médailles. Nous reconnûmes l'un d'entre eux pour un Tiniote, à cause du privilége qu'il avait de porter un chapeau avec son vêtement oriental. Dès le lendemain, nous partîmes pour Smyrne, qui est à huit lieues de distance ; nous suivîmes d'abord la direction des montagnes, puis tournant au sud nous nous élevâmes jusqu'à leur sommet. Elles étaient entièrement formées de granit qui quelquefois se délitait; les cristaux de feld-spath étaient décomposés et la roche avait une apparence rougeâtre. Nous arrivâmes ensuite au joli village de Sédi-Keuie; enfin nous entrâmes dans cette vaste forêt d'oliviers qui couvre Smyrne. C'était un jour de fête, et nous remarquâmes un mouvement et une apparence de gaîté bien rares dans les villes mahométanes. Des Arméniens montés sur des ânes osaient se promener seulement pour leur plaisir, tandis que des matelots appartenant aux différentes flottes ne craignaient pas de se commettre sur des chevaux. Quand nous fûmes plus près nous vîmes le pont des caravanes couvert d'une suite de promeneurs; un mélange singulier d'Européens, de Grecs, d'Arméniens, de Juifs, de Turcs, de militaires et de bourgeois nous offrait un de ces spectacles que l'on ne trouve qu'en Asie, et qu'aucune ville ne présente d'une manière aussi complète que Smyrne. Nous eûmes bientôt traversé le quartier des Juifs et des Arméniens pour entrer dans la rue des roses, quartier habité par les Francs; des dames élégamment parées se tenaient à leurs fenêtres, ou étaient assises devant leurs portes, tandis que les habitations présentaient l'apparence du luxe et de la richesse. Tout nous aurait fait supposer que nous nous trouvions dans une ville d'Italie; la pureté et la fraîcheur de l'air, les gestes et l'abandon des habitants, et jusqu'aux voix glapissantes qui faisaient retentir cette langue grecque si forte et si cadencée.

CHAPITRE VIII.

SMYRNE. — POPULATION. — COMMERCE. — CAUSES DE LA DÉCADENCE GÉNÉRALE DU COMMERCE A SMYRNE ET DANS LE LEVANT. — SYSTÈME DES QUARANTAINES. — IMPORTANCE D'UN LAZARET AU HAVRE.

Smyrne est bâtie au pied d'une montagne aride formée d'un calcaire jaunâtre; cette ville contient de cent vingt à cent cinquante mille ames; les Turcs y sont en plus grand nombre, puis les Grecs, les Arméniens et les Juifs. Le nombre des familles franques ne s'élève guère au-delà de cinq cents. Cette ville, sans être belle, présente un aspect agréable; quelques maisons bien bâties appartiennent pour la plupart aux Européens et forment un assez joli quartier; vers le nord sont des jardins très-bien cultivés; au sud, une caserne élevée pour les nouvelles troupes et quelques fortifications. Elle ne renferme aucun monument remarquable, et quoique célébrée par la plupart des voyageurs elle serait loin d'être une des plus remarquables cités de l'Asie, si sa situation avantageuse au fond d'un beau golfe, ses relations faciles avec l'intérieur ne la rendaient le centre d'un grand commerce. Mais ce qui fait de Smyrne le séjour le plus agréable de l'orient, c'est l'extrême liberté dont on y jouit, cette végétation active, cet air pur, cette brise qui chaque jour s'élève pour tempérer la chaleur du climat; ce sont ces flottes de l'Europe, qui, toujours en station dans le port, protègent efficacement les familles et le commerce. Aussi les Turcs n'ont-ils pas à Smyrne l'insolence qui les caractérise ailleurs; les Grecs et les autres Rayas y jouissent d'un bien-être, d'une aisance qu'ils ne pourraient se procurer dans d'autres parties de l'empire. Un des grands avantages de cette résidence est aussi la facilité de la vie. Toutes les denrées y sont à bon compte; des familles nombreuses vivent à leur aise avec des revenus qui ailleurs suffiraient à peine à deux ou trois personnes. Je me suis assuré par exemple que les dépenses d'un individu turc vivant à la campagne ne s'élevaient pas au-delà de trente paras par jour, ce qui fait environ douze sous; il se nourrissait cependant comme tous les autres.

Smyrne a beaucoup perdu de son importance commerciale et je ne crains pas de l'attribuer en grande partie à la concurrence qu'à établie Mehemed-Ali pacha d'Egypte, et au monopole de la soie, dont on a gratifié Constantinople. Ces deux articles entraient pour beaucoup dans les exportations; on pourrait ajouter, comme un autre article qui a pris une direction différente, le cuivre que les marchands de Cahissarié envoient plus volontiers à Tarsous. Mais aucune concurrence ne peut s'établir sur les fruits secs, et Smyrne restera long-temps encore la capitale des figues et des raisins. Pendant l'année 1827, on avait compté jusqu'à trente bâtiments Anglais qui ne faisaient pas d'autre chargement; je ne sais combien il y en avait des autres nations. A l'époque de la récolte, c'est un curieux spectacle que le mouvement qui règne sur la place; partout de longues caravanes de chameaux qui obstruent tous les passages; sur le port, dans les magasins, on voit la population entière occupée à mettre en ordre les boîtes dans lesquelles on renferme les fruits. Les autres exploitations sont la valonée, la laine, la laine de chevron, des graines jaunes, des galles, quelques gommes, du salep, de la cire jaune, des éponges. On porte en échange à Smyrne du sucre, du café, de l'indigo, des fers, de l'étain, qui forment les chargements les plus considérables; l'Angleterre fait la plus grande partie de ce commerce. Les Allemands envoient les draps de Belgique et de Saxe, des étoffes de la Suisse, du zinc, du laiton, et plusieurs espèces de papiers. Quant à ce que l'on appelle pompeusement *le commerce français du Levant,* il ne se compose que d'assez minces cargaisons dont les pacotilles forment la partie principale.

Il existe à Smyrne et dans les environs un nombre assez considérable de métiers qui servent à fabriquer des cotonnades que l'on vend à assez vil prix pour exclure toute concurrence; on n'emploie pour cela que les cotons filés du pays. On fait aussi à Smyrne des étoffes rayées de jaune et de blanc, que l'on nomme *mouhabet-hani;* ces étoffes sont d'une durée remarquable. Parmi ces produits de l'industrie il ne faut pas omettre les brocarts d'or et d'argent, qui rivalisent pour la beauté avec ceux des manufactures de Lyon. Cependant la population s'adonne plus particulièrement à l'agriculture; aussi les environs de la ville et les villages circonvoisins sont-ils bien cultivés.

Parmi ces villages on distingue Bournabat, où la plupart des Francs ont leurs maisons de campagne. Ces maisons servent aussi de refuge en temps de peste, et sont divisées à peu près comme les bastides de Marseille : chacune est ceinte de murs, et contient ordinairement un petit jardin. Il en est qui ont dû coûter pour leur construction des sommes considérables; elles avaient été bâties lorsque le commerce était plus florissant qu'aujourd'hui. Après Bournabat on cite Boudja et Sedi-Keuie comme les lieux de retraite les plus agréables. Pendant l'été, les familles abandonnent la ville et se retirent à la campagne; les hommes s'y rendent le samedi pour y passer le dimanche. On ne saurait concevoir dans notre Europe, où la variété des affaires et des plaisirs tend à isoler les hommes et enfante l'égoïsme, de quelle douceur d'existence on jouit dans le Levant, surtout quand on réside à la campagne. J'allai passer quelques jours à Bournabat, et je fus frappé de l'union qui régnait entre tous les habitants, comme aussi j'admirai l'accueil bienveillant qu'ils faisaient aux étrangers. Français, Anglais, Italiens, tous vivaient dans la plus grande concorde, et cet assemblage de personnes des différentes nations prêtait un grand charme à la société. C'est à ce mélange que les Levantins doivent une grande supériorité sur les habitants des autres pays. On peut remarquer, en effet, qu'ils ne sont jamais déplacés nulle part, qu'ils ont des connaissances variées, et qu'ils ne sont dominés par aucun de ces préjugés nationaux dont bien peu d'hommes sont exempts. Habitués dès leur enfance à voir des étrangers de tous les rangs, ils connaissent leurs usages et leur langue. Il n'en est aucun qui ne parle le grec, l'italien, le français, souvent même l'anglais et le turc. Ils ont moins étudié que nous la littérature et les sciences, mais je crois que les connaissances pratiques qu'ils acquièrent sont préférables à l'éducation routinière que nous recevons. Quant aux femmes, il est rare qu'elles aient une grande éducation; plusieurs même ne savent pas écrire. Mais vivant de bonne heure dans le monde, parlant avec une égale facilité toutes les langues, je ne sais si elles ne gagnent pas du côté de la grace et du naturel. Il n'en est pas une qui, transportée en Europe, s'y fît remarquer par un mauvais ton, par des manières gauches et empruntées, tandis qu'une Française ou une Anglaise, conduite hors de sa patrie, conserve toujours des formes étrangères.

Il est impossible que la douceur et la facilité des mœurs qui dominent à Smyrne n'aient pas d'influence sur les relations commerciales; aussi voyons-nous que, lorsqu'un négociant fait de mauvaises affaires, ses confrères, loin de chercher à l'accabler, s'empressent de le secourir. Ce cas a dû se présenter bien des fois pendant ces dernières années où le commerce a nécessairement souffert des coups que lui ont portés le pacha d'Égypte, la piraterie grecque et la politique. Mais les Français sont ceux de tous les Européens qui ont eu le plus à souffrir. J'entrerai à ce sujet dans quelques détails qui, je pense, ne seront pas inutiles. On verra ce que c'est que ce commerce français que l'on suppose si prospère. On verra que nous avons à peine trois ou quatre comptoirs qui fassent quelques affaires, et que les relations de la France avec ce pays ne sont guère entretenues que par une dizaine de maisons grecques et juives établies à Marseille. On verra enfin que la cause pour laquelle, malgré notre situation avantageuse pour exploiter le Levant, nous sommes si fort en arrière des Anglais et des Allemands, n'est que le monopole concédé à la ville de Marseille par l'administration sanitaire.

Transporter des objets manufacturés en Europe et des denrées coloniales dans le Levant; prendre ses produits en échange, tel est en un mot le commerce du Levant. Il ne peut être fait qu'autant que l'on peut offrir ses marchandises à un prix égal à celui de ses rivaux; qu'autant que l'on possède des capitaux assez considérables pour soutenir la concurrence. Les Anglais sont en possession de fournir les produits manufacturés, mais la différence de leurs prix avec ceux du nord de la France n'est pas tellement grande qu'ils pussent exclure entièrement les manufactures françaises des marchés de l'Orient, si elles y parvenaient. Quant aux denrées coloniales, elles ne sont pas plus chères pour les Français que pour les Anglais, et le bénéfice serait le même pour les uns et pour les autres, si l'on pouvait employer d'autres bâtiments que ceux de la marine provençale qui est incontestablement inférieure à celle de tous les pays. Voici les causes pour lesquelles la marine méridionale peut seule parcourir les mers du Levant. Un bâtiment venant de l'Orient ne peut entrer dans aucun port français s'il n'a fait sa quarantaine à Marseille; cette quarantaine est plus ou moins prolongée suivant que les bâtiments apportent des certificats plus ou moins rassurants des autorités consulaires résidant dans les différentes échelles. Dans tous les cas elle n'est pas de moins de trente-cinq jours. Ainsi donc, un bâtiment venant du Havre, par exemple, sera obligé de se détourner de sa route, de stationner à grands frais dans une ville étrangère, et ne reviendra au port que quatre mois, au moins, après qu'il aura été expédié. Un bâtiment anglais au contraire venant de Londres ou de Liverpool se rendra dans le Levant de la même distance à peu près; retournera directement et, s'il a patente nette, sera soumis seulement à quatre ou cinq jours d'observation. Pour peu qu'on ait quelque habitude de la mer, on n'ignore pas que le fait seul d'entrer dans un port ou d'en sortir entraîne une grande perte de temps et augmente les charges de l'armateur. Il suit de là que, devant faire des bénéfices plus considérables pour rentrer dans ses plus grandes dépenses, le négociant du Havre, qui voudrait faire des expéditions dans le Levant, aurait un désavantage sur le négociant anglais. S'il envoyait des denrées coloniales il ne pourrait les céder à aussi bon compte, bien qu'elles ne soient pas plus chères pour l'un que pour l'autre; si c'étaient des produits de manufacture, à plus forte raison serait-il obligé de tenir ses prix plus élevés. Ainsi les marchands du nord de la France sont exclus du commerce direct du Levant par la concurrence étrangère. Ils le sont aussi par la concurrence de Marseille qui a l'avantage de posséder le lazaret, y voit arriver ses bâtiments, les surveille et obtient des économies que l'on ne peut faire que sur les lieux. Aussi ces marchands du Havre quand ils ont besoin des produits du Levant ne se les procurent pas directement, mais sont obligés de les acheter de seconde main dans les entrepôts. Que l'on considère cependant que ces productions du Levant sont bien plus utiles aux départements du nord qu'à ceux du midi où l'industrie est moins développée, et l'on comprendra de quelle importance serait l'établissement d'un lazaret organisé d'après le système des Anglais sur les côtes de l'Océan.

Quel que fût l'avantage que Marseille avait sur les autres villes de la France pour exploiter le Levant, elle était loin de pouvoir rivaliser avec les étrangers, grace à l'intendance sanitaire. Bien que l'abus ait été détruit, je ne crois pas inutile de le signaler tel qu'il a existé, ne fût-ce que pour montrer jusqu'à quel point une petite administration peut porter l'amour de son pouvoir et de ses prérogatives. Un bâtiment français venait du Levant à Marseille, présentait sa patente et déchargeait ses marchandises dans le lazaret. Dès lors on ne le laissait plus partir qu'il n'eût terminé sa quarantaine : comme si le fait de l'obliger à rester avait influé le moins du monde sur la santé publique. On craignait, disait-on, qu'il ne partît du port et ne se présentât sur les côtes de la France, comme s'il n'aurait pu le faire avant d'entrer à Marseille. L'effet de cette mesure a été d'élever le fret pour Marseille à un prix double de celui des autres pavillons, et il a obligé malgré eux les marchands français de Smyrne et d'Alexandrie à se servir de navires étrangers; de cette manière ils gagnaient sur les frais de transport, bien qu'ils acquittassent le surplus de droits exigés par la douane lorsqu'on n'emploie pas les bâtiments français; ils gagnaient encore sur les assurances qui coûtent plus ou moins, suivant la plus ou moins grande sécurité que présentent les navires. Or, il faut avoir vu cette vieille marine provençale pour en avoir une idée; cette parcimonie honteuse dans l'armement et le gréement, ces bombardes malpropres, sans aucune voile de rechange, cette navigation à la part; aucun de ces vices n'est encore détruit, et les compagnies d'assurance qui ne l'ignorent pas, ne sauraient faire les mêmes conditions que pour les superbes bâtiments italiens ou anglais. Croirait-on cependant que malgré les réclamations constantes du commerce, des consulats, des ambassades, l'intendance sanitaire n'ait pu être vaincue par le gouvernement que l'année dernière, lorsque les plaintes ont été portées à la Chambre des députés? Ce sera là sans doute encore qu'il faudra s'adresser pour obtenir un lazaret au Havre, pour obtenir une institution dont la nécessité est si évidente. Comment en effet s'en rapporter à la ville de Marseille pour lutter contre le commerce étranger? Ne sait-on pas que cette ville reste étrangère au mouvement qui a lieu dans les autres parties de la France, que naguère encore elle se plaignait d'être *infectée* de fabriques? Quels secours peuvent en attendre les négociants du Levant, puisqu'au lieu d'être comme auparavant les facteurs des Marseillais, ils ont été peu à peu réduits à travailler pour leur compte, et que la plupart, n'étant pas riches, sont obligés de payer des intérêts de 5 ou 6 p. 100 par an à ceux qui les cautionnent, et doivent leur donner leurs marchandises en consignation? Il en serait tout autrement si les côtes du nord pouvaient établir des relations avec le Levant; l'esprit d'association, la confiance, qui est le premier besoin du commerce, la concurrence enfin, produiraient ce que l'on ne peut attendre de la routine provençale. Nous pourrions espérer alors reprendre quelque ascendant dans des pays où nous sommes supplantés chaque jour par des étrangers que la nature a placés dans une position moins avantageuse que la nôtre.

CHAPITRE IX.

DÉPART DE SMYRNE POUR CHIO. — VOURLA. — TCHESMÉ. — AGENT CONSULAIRE FRANÇAIS. — SAC DE L'ILE EN 1822. VILLAGES DE MASTIC.

J'étais resté quelques jours à Smyrne, où nous comptions à chaque instant voir arriver l'amiral de Rigny qui s'était rendu à Alexandrie. Je désirais vivement lui remettre des lettres de recommandation que l'ambassadeur avait bien voulu me donner pour avoir la facilité de parcourir l'Archipel. Enfin je me décidai à partir pour Chio. A cet effet je louai un bateau qui me conduisit d'abord près de Vourla, grand village situé à environ six lieues S. O. de Smyrne et à une lieue de distance de la mer. En route, je vis le château devant lequel doivent passer tous les bâtiments qui entrent dans le port de Smyrne. Ce château se trouve à environ trois milles de la ville. Il est défendu par des murs assez épais dans lesquels on a ménagé de grandes ouvertures pour laisser passer d'énormes pièces d'artillerie. Cependant ne serait-ce qu'une faible défense en cas d'attaque, à cause de la difficulté de manœuvrer les canons; aussi lorsque lord Cochrane avait promis à la marine grecque de la conduire à l'attaque de Smyrne, la population de cette ville avait-elle été grandement effrayée : rien ne serait pourtant plus aisé que d'obstruer l'entrée du port. Le passage est si étroit à cause des bas-fonds qui sont au nord qu'une grande barque que l'on y coulerait suffirait pour le rendre impraticable. La rade de Vourla présente un abri sûr contre les tempêtes; du côté du sud elle est abritée par la pointe avancée de Cara-Bournou ; du côté du nord, par de petites îles couvertes de bruyères et habitées par un nombre considérable de lapins. Une fontaine abondante coule sur le rivage, et c'est là que les bâtiments de guerre vont le plus ordinairement faire de l'eau. Comme le pays est peu peuplé on évite de cette manière les disputes qui souvent s'élèvent entre les matelots et les habitants.

Le village de Vourla est en grande partie peuplé de Grecs; on y compte aussi quelques Turcs; les environs sont bien cultivés, et on y récolte comme dans la plaine de Smyrne une grande quantité d'huile, de blé et de raisin; les fruits de toute espèce y sont abondants. Les raisins surtout ont une grande réputation, et lorsqu'ils sont séchés on les préfère dans le commerce. On en fait un vin très fort, chargé en couleur et d'un goût douceâtre. Le paysage est très varié et ce lieu est fort agréable; au commencement de la révolution, la persécution contre les Grecs avait été plus grande de ce côté qu'ailleurs, mais les habitants avaient eu plus de facilité pour s'enfuir à cause du voisinage de la côte. J'allai loger chez un malheureux dont on avait massacré le fils sous ses yeux lorsqu'il venait de travailler à la campagne.

On compte six lieues encore de Vourla à Tchesmé, lieu fameux où la flotte turque fut incendiée par le général Orloff. Pour y arriver on est obligé de passer des chaînes de montagnes assez élevées, et on cotoie le littoral nord de l'isthme; ces montagnes sont de calcaire de transition reposant sur le granit.

Tchesmé est bâtie sur du calcaire secondaire jaunâtre. La première partie de la route en venant de Vourla est fort belle ; on y trouve deux fontaines alimentées par des canaux ; plus loin le pays est désert, et quand on est près du village, on traverse un terrain d'alluvion formé par la mer, dont le retrait aurait été de huit pieds de hauteur. Les Turcs avaient cru prudent de placer de loin en loin des vedettes chargées de les avertir des mouvements des Grecs qui souvent venaient de Samos et des pays insurgés, débarquaient dans les golfes nombreux que présentent les côtes, et enlevaient les troupeaux et les habitants. Les Tartares qu'Hassan pacha de Smyrne expédiait à son confrère Youssouf de Chio, n'osaient traverser le pays sans se faire accompagner par des hommes armés, et encore parvenait-on à en saisir quelques-uns.

Tchesmé est bâti presque en face de Chio ; le gouvernement appartient à un aga et les Turcs y ont des habitations dont les murs sont assez épais pour les mettre à l'abri d'un coup de main. Le port est bon quoique peu spacieux.

On ne saurait se faire une idée de

l'audace des corsaires grecs, qui pendant la nuit se glissaient, sur de petites barques, entre la terre et les bâtiments qui étaient à l'ancre. La distance où se trouvaient ces bâtiments n'était pas à une portée de pistolet, et malgré le voisinage d'un petit fort garni de quelques pièces d'artillerie, une semaine ne se passait pas sans qu'il y en eût de capturés.

J'allai loger à Tchesmé chez un agent consulaire français que l'on nommait Antonio. Cet homme avait servi dans les mameluks pendant presque toutes les guerres; lorsque le corps fut dissous, il obtint des lettres de naturalisation, une petite pension, et la décoration de la légion d'honneur; puis il se retira dans son pays où il cultivait le champ de ses pères : il avait été assez heureux pour sauver lors du sac de Chio une grande quantité de Grecs qui s'étaient réfugiés dans sa maison. Quelques jours après mon passage, le pacha de Chio le fit saisir et plonger dans un cachot, pour tirer de lui le *caratch* qu'il n'avait pas payé depuis longues années. En vain on réclama l'appui de l'ambassade; en vain on fit valoir son titre d'agent français, le mépris que l'on avait à Constantinople pour notre gouvernement était tel, que ce pauvre homme ne sortit de prison que plusieurs mois après, mais mutilé, mais perclus de tous ses membres. C'est avec douleur que je rapporte un pareil fait ; mais il est utile de montrer à quelles humiliations sont exposés les sujets d'un gouvernement qui se conduit sans règles fixes, sans force, sans énergie : quoique je n'en sois pas certain, je ne craindrais pas d'assurer que le malheureux que je cite n'aura reçu aucune indemnité, aucune consolation. Les circonstances étaient telles à la vérité, que les réclamations de l'ambassade devaient rester infructueuses; mais n'avions-nous pas à Smyrne de nombreux bâtiments de guerre, et le premier qui se serait présenté pour réclamer cet infortuné, ne l'aurait-il pas immédiatement arraché à ses oppresseurs ? Il faut gémir sur cet esprit de vanité qui fait que les deux pouvoirs établis dans le Levant pour agir dans l'intérêt national s'abstiennent d'intervenir dans ce qui ne les regarde pas spécialement; il est presque ridicule qu'une flotte en station dans la Méditerranée, obligée d'avoir des relations constantes avec les autorités turques, ne soit pas sous les ordres immédiats de l'ambassadeur ; qu'elle se considère comme une puissance indépendante subordonnée au ministre de la Marine, tandis que l'on suit ailleurs les instructions du ministère des affaires étrangères.

Je recherchai vainement à Tchesmé les bains dont parle Chandler, et qui avaient été d'après son rapport construits par les Génois; je ne vis que quelques pans de murailles remarquables par leur vétusté; cette nation n'avait laissé d'autres traces que quelques maisons bâties dans le genre Italien et à plusieurs étages, que l'on trouve dans le centre de la ville. Le port de Tchesmé est peu fréquenté, on y fait quelques entrepôts de grains que l'on renferme dans de grands magasins et que l'on vend ensuite aux habitants de l'Archipel ; ce port sert également de refuge aux bâtiments qui veulent entrer à Smyrne et qui sont surpris par des temps contraires avant d'avoir doublé la pointe de Cara-Bournou formée par le prolongement de Mont-Mimas dans la mer. Comme je l'ai dit, la route suit souvent le littoral du nord de la presqu'île; je n'ai vu cependant d'autres traces d'antiquité qu'une construction épaisse et de forme carrée que l'on trouve au sud du mont Corycus, dans une belle plaine, et au bord d'un ruisseau assez limpide. Ce lieu était abandonné et quelques pasteurs seuls y faisaient paître des chèvres. On venait aussi dans les montagnes des environs pour y fabriquer du charbon. La distance de ce lieu à Tchesmé est de cinq lieues environ.

Je m'embarquai pour traverser le détroit, dans une des sacolèves qui vont de Tchesmé à Chio. Il est à remarquer que dans ce canal comme dans tous ceux de l'Archipel il ne règne guère que deux vents qui soufflent suivant sa direction : l'un vient du nord, l'autre du sud. La ville de Chio se trouvant précisément à l'ouest de Tchesmé, on a par conséquent toujours un vent largue et le trajet est extrêmement facile. Aussi les relations ont-elles lieu avec une grande régularité. On porte une grande quantité de bétail de la côte d'Asie à l'île de Chio, et comme on est obligé de se tenir assez au large à cause des bas-fonds, on jette tous les animaux dans la mer et on les laisse gagner le rivage à la nage. Les bœufs sont d'une petite taille et bien inférieurs à ceux de l'Europe. Cette variété n'a pas les cornes aussi proéminentes que chez nous; elle tient le milieu entre le bœuf de l'Arabie et le nôtre.

A l'entrée du port de Chio, on remarque des fortifications qui ont été construites par les Génois; puis une forteresse entourée de fossés et habitée par les Turcs qui forment la garnison et par le pacha qui y a établi sa résidence. Ce pacha se nommait Youssouf, vieillard d'une figure vénérable, dont une longue barbe blanche couvrait la poitrine. Les Grecs se louaient assez de la douceur de son gouvernement; il donnait volontiers à ferme aux anciens propriétaires et pour une modique rétribution les terres qui leur avaient appartenu. Les maisons de Chio étaient grandes, spacieuses, bien aérées; la plupart avaient été construites pendant l'occupation des chrétiens et ne ressemblaient en aucune manière aux misérables baraques que l'on voit en Asie. Mais lorsque j'arrivai quelques unes seulement restaient debout; elles avaient appartenu aux catholiques et se trouvaient réunies autour des consulats; celles, au contraire, qui étaient aux Grecs ne présentaient plus qu'un vaste amas de décombres; il faut avoir vu de ses yeux l'état dans lequel on avait mis cette ville jadis si florissante pour comprendre jusqu'où peut se porter la rage d'une populace ignorante et fanatique. L'île de Chio était le lieu de retraite des Grecs qui cherchaient à jouir de leur fortune; ils la dépensaient en partie à bâtir de superbes habitations à la ville et à la campagne; un certain nombre de primats exerçaient un pouvoir municipal, et administraient le pays. Le pacha qui y résidait était obligé de s'en rapporter à ces chefs, qui avaient une grande influence à Constantinople par leurs richesses, et le faisaient remplacer lorsqu'ils n'étaient pas satisfaits de son gouvernement. Il se contentait de prélever les impôts et de veiller à la récolte du mastic, qui entrait dans les contributions de l'île. Aussi les institutions des pays civilisés étaient-elles florissantes à Chio; on y avait établi un lazaret, et un collége d'où sont sortis nombre d'enfants grecs qui recevaient une bonne éducation, apprenaient les langues étrangères, puis exerçaient avec succès des professions libérales. Plusieurs d'entre eux, et ce sont les plus distingués, n'ont pas hésité à épouser les intérêts de la révolution, et ils sont nombreux aujourd'hui parmi ceux qui exercent les premières charges du nouvel état. La beauté du climat et la liberté dont on jouissait à Chio avaient concouru à sa prospérité : on y comptait plus de cent mille ames lorsque le capitan pacha Cara-ali se présenta avec la flotte turque devant l'île et protégea le passage des mahométans qui se trouvaient sur la côte de Tchesmé. Après que le débarquement eut été opéré, le signal de massacre fut donné; des bandes d'assassins se répandirent dans les campagnes et égorgèrent tous les grecs qu'ils purent rencontrer; en même temps ils firent esclaves les femmes et les enfants. Le pacha gouverneur de l'île payait les têtes qu'on lui apportait en trophée; il donnait d'abord douze piastres pour chacune, puis il réduisit la récompense à trois; enfin, fatigué de tant de carnage, il ne voulut plus rien donner. On porte à quarante mille le nombre d'individus qui ont péri dans cette effroyable catastrophe : j'ai vu moi-même, au fond de l'Asie, à Bagdad et à Bassora des femmes Chiotes que des spéculateurs y avaient conduites; des enfants que l'on avait convertis au mahométisme et qui appartenaient à des Arabes aux plaisirs honteux desquels ils servaient. On me cita un homme qui seul avait égorgé quatre-vingts personnes. L'île produit une grande quantité d'oranges et de citrons. Lorsqu'on les récolte on les place dans des paniers d'osier que l'on nomme *coufes* et que l'on charge ensuite sur des ânes pour les transporter à la ville. C'était de la même manière que l'on apportait au pacha les têtes des villageois, qu'il devait expédier à Constantinople. Quand son excellence ne voulut plus les payer on jeta les *coufes* dans la mer, et quelquefois encore aujourd'hui lorsque les vagues se retirent elles laissent à découvert des crânes et des ossements humains renfermés dans ces paniers. Dès qu'il n'y eut plus à tuer, la fureur se porta sur les maisons ; l'espérance d'y trouver des trésors cachés les fit renverser de fond en comble, et on se donna presque autant de peine pour les détruire qu'on en avait mis à les élever ; on n'épargna pas plus celles de la campagne que celles de la ville. Ce qui rendit l'expédition de Chio plus affreuse encore, c'est qu'on ne l'entreprit qu'avec connaissance de cause, que loin de s'opposer à la fureur des troupes, on chercha autant qu'on put à les exciter. Les catholiques de l'île et les habitants des villages de mastic devaient être épargnés et on les fit prévenir; ce ne fut même que trois jours après le débarquement que l'on commença la boucherie que je viens de rapporter.

Je logeai à Chio chez le vice-consul de France, M. Fleurat, qui quelque temps après eut à pleurer la perte de son fils, tué à la bataille de Navarin, où il remplissait les fonctions d'interprète de l'amiral. Je fis quelques excursions autour de la ville avec un de ses parents, et je me rendis avec lui au principal village où on récolte le mastic. Le nombre des villages où s'opère cette récolte est de vingt-deux. Depuis ces derniers temps on ne cultive plus le lentisque que dans douze, dans les autres la culture en a été abandonnée. Nous suivîmes, pour nous rendre à *Mastico-Khori*, la magnifique plaine de l'île, et nous passâmes à travers des jardins plantés d'orangers et de citronniers ; de tous côtés nous voyions de superbes maisons qui partout ailleurs auraient passé pour des palais, puis, gravissant une petite montagne, nous nous trouvâmes dans des plantations de vigne. Le village où nous nous rendions était situé sur une montagne conique d'où l'on découvrait une grande partie de l'île. Ce village avait été construit avant l'occupation des Turcs ; on y remarquait des portes et un château semblable à ceux qui attestent encore en France les temps de la féodalité. L'aga chargé de la surveillance du mastic l'habitait et passait assez volontiers sa journée dans l'appartement le plus élevé d'une tourelle, d'où il découvrait la campagne dont la garde lui était confiée ; armé d'une bonne lunette il étendait ses observations jusque sur la mer et cherchait à reconnaître si les bâtiments qui se montraient à l'horizon n'appartenaient pas aux grecs insurgés. Dans ce cas il envoyait prévenir le pacha ; souvent on trompait sa vigilance, et il n'était pas rare de voir les corsaires venir enlever les transports turcs jusque sous les murs de la forteresse ; pour cela ils se cachaient derrière les îles Spalmadores, qui se trouvent au nord, et sont inhabitées ; quelquefois aussi ils venaient de Samos, se répandaient dans la partie méridionale de l'île, et ne se retiraient qu'après avoir fait quelque butin. Les villageois qui demeuraient dans cette partie de l'île étaient traités avec beaucoup de douceur par la Porte, à laquelle ils devaient chaque année donner une quantité déterminée du mastic qu'ils récoltaient. Ils étaient placés sous la protection des sultanes, qui possédaient l'île à titre d'apanage, et ils avaient le droit de porter des turbans blancs, comme les Turcs, et de faire sonner les cloches de leurs églises. Outre le mastic, qui appartenait au gouvernement, et dont la vente était défendue sous peine de mort, ils récoltaient beaucoup de vins, dont plusieurs avaient une grande réputation. Ces paysans, malgré les avantages que leur concède la Porte, ne m'ont pas paru dans une situation meilleure que celle des autres habitants.

Voici comment on recueille le mastic : on bat avec soin la terre placée au-dessous du lentisque, et au mois de juin, époque à laquelle la végétation a le plus d'activité, on fait avec la pointe d'un couteau de petites incisions au tronc et aux branches ; à la fin d'août, moment de la récolte, le village se rassemble, et tous vont recueillir la gomme qui est adhérente à l'arbre; on ramasse celle qui est tombée à terre ; alors on la divise en plusieurs espèces, selon la beauté des larmes.

Un homme est préposé pour recevoir le produit, qu'on lui apporte au son de la musique; on pèse ce qui est destiné au grand-seigneur et on le renferme dans des pots de terre, auxquels le receveur applique son cachet ; ce qui reste est distribué dans le pays. Les précautions sont grandes pour empêcher la contrebande de cette denrée, puisque l'on place des gardes pendant le temps de la récolte, et que ceux qui seraient surpris vendant ou achetant le mastic, et même coupant les branches de l'arbre qui le produit, seraient punis de mort. Cependant les cultivateurs trouvent moyen de soustraire et de cacher au moins la moitié du produit ; et l'on s'en procure aisément.

Pour un marché de cette nature, un individu porteur d'un passeport français avait failli être saisi trois jours avant mon arrivée à Chio. Il avait été assez heureux pour se réfugier à temps dans le consulat, où pourtant les Turcs l'avaient suivi sans craindre de violer le pavillon. La fermeté de M. Fleurat l'avait seule arraché à la mort, mais ce n'avait pas été sans de vives contestations avec le pacha Youssouf. Puisque je viens de citer le nom de ce pacha, je dois donner comme exemple du caractère turc en général sa conduite avec le malheureux agent de Tchesmé dont j'ai parlé. M. Fleurat venait de s'arranger avec lui par rapport au contrebandier, et lui faisait une visite, lorsque dans la conversation ils se reconnurent pour avoir été en même temps l'un drogman français de l'arsenal et l'autre chiaoux-bachi du capitan pacha; les protestations de son excellence furent grandes sur le plaisir qu'il avait à retrouver une ancienne connaissance : le lendemain il donna ordre de saisir le malheureux Antonio, qui était placé sous les ordres immédiats de M. Fleurat.

Le mastic dissous dans l'eau-de-vie lui donne à peu près le goût de l'anisette, et la plus grande partie sert à cet usage ; le reste est employé par les femmes, qui prennent grand plaisir à le mâcher, et en ont constamment dans la bouche. Je n'ai trouvé à cette substance qu'un goût aromatique assez agréable, et la propriété d'exciter fortement la salivation. Une chose assez remarquable, c'est que les habitants des villages de mastic prétendent que le lentisque qui produit cette gomme, ne saurait croître dans d'autres parties de l'île que dans celles où il s'élève ; ils m'ont assuré avoir fait des expériences qui le leur avaient prouvé.

L'île de Chio est entièrement formée de calcaire; on y trouve même une carrière d'un marbre que l'on polit, et qui est veiné de différentes couleurs, plus ordinairement de rouge et de noir ; on en fait des colonnes, que l'on emploie aujourd'hui encore dans la construction des maisons. Une montagne élevée courant du nord au sud divise l'île en deux parties et détermine sa forme alongée ; c'était là autrefois le mont Pœlineus. Un autre monticule, qui s'appelle Tourlouti, est près de la ville, et les Génois y avaient construit un fort dont il reste encore quelques vestiges. Je n'ai pas vu le lieu que l'on nomme l'École d'Homère ; il est situé vers le nord-ouest de l'île : l'excursion que nous avons faite était du côté du sud.

Après sept jours de résidence je songeai à quitter ce séjour, autrefois si agréable et alors si triste. Quand on est sous ce beau ciel de l'Ionie, quand on respire l'air embaumé qui s'exhale des jardins dont la ville est entourée, on ne saurait exprimer quels sentimens pénibles on éprouve en ne voyant près de soi qu'un triste amas de ruines. On est peu disposé à considérer le magnifique aspect que présentent l'île, la côte d'Asie, la pointe de Cara-Bournou, les Spalmadores et l'île de Samos, que l'on aperçoit tout à la fois. Pour revenir je suivis la même route que j'avais prise en allant; je ne mis que onze heures à faire le trajet, grace à l'imbat qui favorisait notre navigation de Vourla à Smyrne. Ce vent d'imbat souffle de l'ouest à l'est et facilite l'entrée des bâtiments dans le port; il se lève ordinairement vers neuf heures du matin et dure jusqu'au coucher du soleil. On explique facilement ce phénomène par la théorie de M. Ramond sur les courants d'air ascendants le long des montagnes; mais la profondeur du golfe de Smyrne, et la distance du mont Sypile qui termine la plaine de l'ouest et forme le sommet d'un vaste cone de montagnes, lui donnent une plus grande intensité que partout ailleurs.

CHAPITRE X.

TRAITÉ DE LONDRES DU 6 JUILLET 1827. — VUES DES DIF-
FÉRENTES PUISSANCES. — MALHEUREUSE ISSUE DES EXPÉ-
DITIONS GRECQUES. — KARAÏSKAKI. — LORD COCHRANE. —
CHURCH. — DISCUSSION DU TRAITÉ. — SA PRÉSENTATION
AU GOUVERNEMENT GREC.

J'étais rentré à Smyrne, et nous attendions chaque jour le traité qui fut signé le 6 juillet 1827. La France n'avait pu voir sans un vif mécontentement que l'Angleterre et la Russie eussent pris des arrangements relatifs à la Grèce, sans consulter les puissances qui depuis le plus de temps avaient des rapports suivis avec la Porte Otfomane ; ce fut sur ses représentations que le protocole de Pétersbourg fut converti en un traité, dans lequel les trois cabinets intervinrent et s'obligèrent à agir d'un commun accord. L'Autriche refusa d'entrer dans la coalition, et aujourd'hui l'on peut reconnaître que s'il y eut peu de dignité dans son refus, il y eut au moins une grande prudence à ne pas donner son assentiment à un traité qui devait s'exécuter avec tant de mollesse et si peu de bonne foi. Il était évident en effet que les gouvernements agissaient dans des vues tout-à-fait différentes ; la Russie voulait s'assurer un plus grand pouvoir dans l'Orient, y établir ce qu'elle appelle *sa prépondérance* ; l'Angleterre désirait affranchir les Grecs de la Morée et des îles, les favoriser dans leurs entreprises contre les Turcs, créer enfin un gouvernement qui, s'étendant de proche en proche et finissant par dominer la Turquie, aurait été un grand obstacle opposé aux Russes, et aurait empêché de nouveaux empiétements. La France, divisée à l'intérieur par les différents partis, n'ayant jamais une politique extérieure bien déterminée, attendait les événements et ménageait également les Turcs et les Grecs, les Russes et les Anglais. De là une inertie et des tergiversations continuelles qui ne nous attirèrent ni l'amitié ni la confiance des partis. Les pirates grecs infestaient l'Archipel sans que l'on osât prendre sur soi de les punir ; d'un autre côté on envoyait au pacha d'Égypte une frégate construite à Marseille, portant pavillon français et commandée par des officiers décorés de l'uniforme et de la cocarde française. Le gouvernement turc ne nous traitait pas mieux à Constantinople que les Russes et les Anglais ; le pacha d'Égypte avait seul quelque considération pour nous, et nous ne la devions qu'à la vieille amitié qui l'unissait au consul-général M. Drovetti. Mais en revanche nous étions vus en Grèce du même œil que les Autrichiens. Non seulement les Grecs n'avaient pas daigné se mettre sous la protection du roi de France comme ils s'étaient mis sous celle du roi d'Angleterre, mais ils n'avaient même pas voulu envoyer des députés au général Guilleminot lors de son passage à Milo, tandis qu'ils en avaient envoyé à la rencontre de M. Straffort Canning dans une circonstance pareille. Enfin le commodore Hamilton ne craignait pas de conseiller au gouvernement grec toutes les mesures qu'il jugeait convenables ; les meneurs se réunissaient autour de lui et il dirigeait toutes les opérations ; le vice-amiral de Rigny, au contraire, était obligé de ne faire en Grèce que de courtes apparitions, et son habileté ne lui servit qu'à ne se point compromettre et à dissimuler le peu d'influence de son gouvernement.

Cependant, à mesure que les Grecs concevaient une plus grande espérance d'être aidés par les puissances européennes, leurs opérations devenaient plus malheureuses. Lord Cochrane et le général Church, voulant se signaler, dès le commencement de la campagne avaient résolu de débloquer et de ravitailler Athènes. Pour cela ils avaient levé avec les deniers philhelléniques un nombre considérable de troupes, et avaient engagé le général Caraïskaki, qui manœuvrait dans l'Attique, à attaquer les Turcs et à se joindre à eux. En vain celui-ci représenta que son mode de guerroyer sur les derrières de l'ennemi, de lui enlever les convois, d'intercepter ses communications, était bien plus sûr, bien plus en harmonie avec le caractère de ses soldats; en vain il dit que les Grecs, bien qu'habiles dans une guerre de partisans, n'oseraient jamais regarder en face les troupes turques, et les combattre en rase campagne : il fallut obéir aux étrangers; il fallut que ce chef, heureux jusqu'alors dans ses entreprises, capable seul de retenir les soldats sous leurs drapeaux, cédât au reproche de lâcheté dont on l'accusait ; il obéit et fut tué; sa troupe se dispersa. Lord Cochrane et le général Church n'eurent pas un meilleur sort ; leurs troupes se débandèrent au premier coup de canon; quelques Souliotes seuls et le corps régulier du colonel Fabvier résistèrent et furent détruits. Les généraux de terre et de mer furent obligés de s'enfuir, et lord Cochrane, poursuivi par des cavaliers, dut se précipiter dans la mer pour regagner son canot. Ainsi se termina cette attaque téméraire, entreprise malgré l'avis des chefs les plus expérimentés, dès l'arrivée d'un homme nouveau qui opérait avec des éléments qu'il ne connaissait pas.

Peu de jours après cette bataille, la ville d'Athènes capitula ; elle pouvait tenir encore au dire de plusieurs chefs, mais le général Church après sa levée de boucliers paraissait avoir perdu toute énergie ; il donna de sa main l'ordre de rendre la place ; ordre honteux, que l'histoire lui reprochera. La marine française et autrichienne garantirent le traité qui remit Athènes entre les mains des Turcs. Les assiégés sortirent protégés par le drapeau blanc qui flottait toujours là où l'humanité avait des devoirs à remplir. Alors on crut que c'en était fini de la Grèce. La Morée entière était occupée par Ibrahim-pacha; quelques chefs Grecs guerroyaient encore dans les montagnes, mais les places, excepté Nauplie, Corinthe et Monembazie, étaient toutes au pouvoir des Turcs. Nauplie pouvait à la vérité se défendre long-tems encore, mais le commandant de la citadelle tenait sous sa dépendance le gouvernement qui y résidait alors, et il l'obligea à se retirer à Égine qui n'était pas défendue. Ce chef, nommé Grivas, résista courageusement à toutes les sommations qui lui furent faites de remettre la place au général Church, et peut-être rendit-il un véritable service à sa patrie. Quant aux îles, elles étaient menacées par la flotte turque qui au premier jour devait partir d'Alexandrie, où elle se trouvait réunie à celle de l'Égypte. Si elle fût venue dans l'Archipel, aucune des îles n'aurait osé résister, et nous aurions vu se renouveler partout les scènes de Chio. Ce fut dans ce moment de craintes et de détresse que le traité du 6 juillet 1827 parvint dans le Levant.

Parmi les traités qui ont excité le plus de discussions se trouve sans doute celui du 6 juillet. Les uns prétendaient que les puissances n'avaient en aucune manière le droit d'intervenir dans les affaires intérieures de la Turquie, et d'autres au contraire pensaient que l'on devait immédiatement reconnaître le nouvel état de la Grèce. Je crois que l'un et l'autre de ces deux reproches étaient peu fondés. Il est évident que lorsque des états dépendants d'une métropole jugent opportun de se soustraire à la domination de cette métropole, ou bien ils ont de grands intérêts à ne pas en dépendre, ou bien ils n'agissent que par esprit de sédition, esprit que ne partage jamais la majorité : dans le premier cas l'intervention est odieuse, dans le second elle est inutile, car la métropole appuyée par l'opinion publique des pays insurgés est toujours assez forte pour y ressaisir le pouvoir. Ces principes ne sauraient toutefois s'appliquer à des provinces turques, où une population qui s'insurge peut être tout entière dévouée à la mort et disparaître de la surface de la terre. Il n'y aurait pour les voisins que de la honte à garder la neutralité. Quant à la reconnaissance de la Grèce, elle aurait été possible si dans ce moment la Grèce avait existé, s'il y avait eu un gouvernement. Tout, au contraire, n'y était que désordre et anarchie ; chaque chef d'une vingtaine de voleurs s'inquiétait peu du gouvernement ; chaque bâtiment corsaire était une république indépendante qui le dominait. Le gouvernement véritable n'était autre que le tribunal des prises, parce que c'était là que l'on donnait de l'argent.

Ainsi donc les considérants du traité annonçaient des intentions justes, bienveillantes et honorables ; on voulait la cessation des hostilités et de la piraterie. Il n'en était pas de même des dispositions que l'on devait prendre pour arriver à ce résultat ; et ces dispositions, qui étaient de nature à réussir auprès de tout autre gouvernement, devaient avoir peu d'influence sur le divan. Les parties contractantes disaient qu'elles voulaient d'office s'établir médiatrices entre la Porte et ses sujets ; qu'elles empêcheraient les hostilités et que cependant elles resteraient en paix avec la Turquie. Elles donnèrent un mois au divan pour accéder à leurs propositions, après quoi les ambassadeurs devaient se retirer. Qui ne voit qu'une marche aussi tortueuse avait peu de chance de succès près d'un gouvernement pareil à celui des Turcs? On ne voulait pas faire la guerre au Grand-Seigneur; que risquait-il donc à résister? pourvu qu'on ne le troublât pas dans la nouvelle organisation de ses troupes, que lui importaient quelques bâtiments qu'il courait le danger de perdre? Les ambassadeurs se retireraient; que lui importait encore? Chacun d'eux avait été admis devant le trône impérial, y avait déposé ses présents, ou plutôt son tribut suivant l'opinion turque; on ne pouvait trop tôt les remplacer. Aussi la Porte ne voulut-elle entendre à aucun accommodement, et trompa par son obstination la prévision de tous les cabinets. En Europe, où personne ne doutait que le divan ne cédât devant une volonté imposante, on n'avait pas même prévu ce que l'on ferait en cas de refus. Loin de suivre une marche ferme et régulière, les ambassadeurs hésitaient à chaque pas; les uns voulaient se retirer au moment que l'on avait décidé; d'autres désiraient rester espérant que de nouvelles instances auraient un meilleur succès. Puis ils furent obligés de quitter leur résidence, et après avoir erré çà et là ils retournèrent à leur poste, bien que le divan n'eût dévié en rien de ses principes. Toutes ces démarches humiliantes auraient été épargnées à la diplomatie du Levant si les ministères de l'Europe l'avaient un peu mieux consultée. Loin de là, on avait nommé à Londres des plénipotentiaires dont aucun n'avait la moindre idée de l'état des pays sur lesquels ils délibéraient. Comme si ce n'était pas assez des retards que les distances apportaient aux relations, il devint nécessaire après avoir consulté les cabinets des Tuileries, de Londres et de Pétersbourg, de courir de nouveau se consulter à Londres. Les résolutions n'arrivaient sur les lieux où elles auraient dû être prises qu'après tous ces détours. Il en résultait une singulière incertitude et l'impossibilité de rien prévoir, de rien arrêter. Ah! sans doute, si au lieu de confier de si grands intérêts à des hommes qui leur étaient étrangers, on les avait mis entre les mains de ceux qui résidaient depuis longtemps dans le Levant et qui pouvaient apprécier l'état des choses, il n'eût pas été difficile d'arriver à un meilleur résultat; la Porte n'eût pas osé tenir cette conduite, que l'on a décorée en Europe du nom de fermeté invincible; ou n'aurait pas été obligé de détruire une marine tout entière, de faire une expédition en Morée ; on n'aurait pas fait renvoyer de Constantinople plus de six mille Arméniens catholiques, qui ont payé de leur fortune l'ignorance des plénipotentiaires ; on n'aurait pas en un mot compromis la sûreté des Francs, des Grecs et de tous les chrétiens qui vivent sur le territoire ottoman. Ce traité de Londres, qui produisit en Europe une sensation si agréable, n'eut pas le même sort à Constantinople ; ces drogmans de Péra, qui connaissent si bien les Turcs, le vieux Franchini entre autres, le regardèrent en pitié ; tous prévirent ses fâcheuses conséquences. Ils pensaient, eux, que les phrases étaient peu utiles avec les Turcs, qui ne voyaient dans les conférences qu'on leur demandait autre chose qu'une vaine cérémonie et l'occasion de prendre des pipes et du café ; ils pensaient que les puissances coalisées ayant dans la Méditerranée un assez grand nombre de vaisseaux, rien n'était plus aisé que de les faire entrer à Constantinople et d'obtenir là en vingt-quatre heures ce que n'ont pu faire deux années de négociations. Si on leur objectait que ce mode de procéder était peu en harmonie avec les mœurs des Européens, avec les traités antérieurs, ils répondaient que lorsqu'une mesure est adoptée il faut prendre les meilleurs moyens de la faire réussir ; que l'on ne devait pas ignorer l'obstination de la Porte, la responsabilité qu'elle ferait peser sur ses sujets chrétiens ; que si le traité avait été fait dans des vues d'humanité, il ne fallait pas, par la manière de le présenter, ouvrir un champ plus vaste aux soupçons et à la vengeance.

Non seulement le traité déplut à la Porte, mais les Grecs eux-mêmes ne le virent pas avec plaisir, bien qu'on le supposât fait à leur avantage. Il y avait peu d'adresse et peu de générosité à disposer, sans l'en prévenir, d'un peuple qui avait fait tant et de si longs sacrifices ; qui avait résisté pendant plusieurs années à la puissance ottomane. Les conditions du traité étaient inexécutables et presque ridicules. Que signifiait ce tribut que l'on devait payer annuellement à la Porte ? Que signifiait cette espèce d'hospodarat qu'elle devait instituer ? Ainsi donc les Grecs les plus libres, les plus heureux, les plus favorisés par les Turcs avaient défendu leur indépendance afin que plus tard des puissances étrangères qui les avaient tranquillement vu égorger, vinssent les réduire à la condition des Valaques et des Moldaves, ceux de tous les sujets du grand-seigneur qui sont le plus maltraités, le plus asservis. Puis, les Grecs de l'intérieur étaient obligés de se rendre en Morée, où il devait se faire un échange de propriétés, une mutation de nations; il fallait indemniser d'anciens propriétaires qui tous avaient été massacrés! On a peine à concevoir que de pareilles extravagances aient été mises dans un traité; si elles sont excusables à Londres, elles montrent au moins que ce n'est pas dans cette ville que l'on doit chercher l'organisation de la Grèce.

Cependant les Grecs reçurent ces sommations avec la reconnaissance que devait dicter la situation malheureuse dans laquelle ils se trouvaient. Trois commissaires furent chargés de leur faire connaître le sort qu'on leur réservait. Les commissaires français et russe partirent du port de Smyrne; c'était le capitaine Hugon et M. Timoni; ils rejoignirent le commodore Hamilton, qui représentait pour la même mission le gouvernement anglais. Ce fut au milieu de toutes les misères humaines que la communication fut faite. Le gouvernement du peuple objet de si vives sollicitudes était confié à trois personnes que l'on trouva assises sur un mauvais tapis et qui n'eurent pas un meilleur siége à offrir à leurs libérateurs. Des réfugiés de l'Attique et de la Morée avaient élevé de misérables huttes autour de la nouvelle capitale; d'autres en plus grand nombre étaient épars sur le rivage, se cachant pendant la nuit sous leur manteau de feutre : des femmes et des enfans demandaient vainement l'aumône; un grand nombre mourait chaque jour d'inanition.

CHAPITRE XI.

DÉPART POUR SYRA. — POSITION DE L'ILE. — SON ÉTAT AVANT LA RÉVOLUTION. — POPULATION DE SYRA. — LE GÉNÉRAL GUEHENEUC. — COMITÉS PHILHELLÉNIQUES. AGENTS DE CES COMITÉS. — INSTITUTIONS DE LA GRÈCE.

Déjà on prenait des mesures pour assurer l'exécution du traité; le vice-amiral sir Edouard Codrington entrait à Smyrne accompagné de plusieurs bâtiments de guerre anglais; il avait placé son pavillon sur le vaisseau l'Asia; on expédiait plusieurs renforts à l'amiral de Rigny; on annonçait en même temps l'arrivée de la flotte russe et on s'attendait chaque soir à la voir paraître. Je désirais beaucoup sortir de Smyrne et je profitai de l'obligeance du baron Bandiera, commandant de la corvette autrichienne la Caroline, qui voulut bien me prendre à son bord et me conduire à Syra. Nous accompagnâmes d'abord un convoi jusqu'aux Dardanelles; je revis encore Tenedos et les côtes de

Troie, puis laissant Mitylène à l'est nous vînmes passer entre Tinos et Myconi et nous entrâmes à Syra cinq jours après notre départ.

L'île de Syra était de toutes celles de l'Archipel la plus tranquille, la plus florissante, celle où le commerce trouvait le plus d'avantages. M. de Rigny avait plus que personne contribué à sa prospérité et l'avait plusieurs fois sauvée du pillage et des exactions des capitaines grecs qui à cette époque parcouraient successivement les différentes îles. Aussi la population de Syra qui n'était autrefois que de trois mille ames s'était-elle élevée à près de trente mille; il y avait quelques maisons assez bien construites, et une petite ville venait de remplacer les quatre ou cinq magasins qui se trouvaient seuls sur le port. Cette ville nouvelle avait pris le nom d'*Hermopolis*. La vieille cité, habitée par les catholiques, autrefois seuls possesseurs du pays, se trouvait à une demi-lieue environ du rivage de la mer; elle était bâtie sur une montagne conique d'un accès difficile; des portes y restaient encore et des murailles l'entouraient.

Syros est une des Cyclades, c'est-à-dire qu'elle fait partie de cette couronne d'îles qui entourent Délos; elle était consacrée à Castor et à Pollux. Il y a quelque temps que lors de la construction de l'église grecque que l'on a placée dans la ville nouvelle, on trouva en faisant les fouilles des débris de statues. L'île peut avoir environ dix lieues de circuit, c'est-à-dire quatre lieues dans sa plus grande longueur et trois dans sa plus grande largeur. On y récolte des fruits et du vin. Les catholiques y ont une église; elle est aussi le siége d'un évêché.

De toutes les îles de l'Archipel Syra avait été la dernière à reconnaître l'insurrection et à payer les tributs imposés par le gouvernement grec; aussi le Grand-Seigneur lui avait-il conféré le titre de fidèle. Son opposition tenait surtout à la haine que les catholiques portent aux Grecs. Elle tenait encore au véritable bien-être dont on jouissait sous la domination turque. Que l'on considère en effet que l'île ne payait au gouvernement que 7,000 piastres d'impositions par année, sans autre charge que d'entretenir un aga accompagné de trois ou quatre domestiques, et révocable suivant la volonté des habitants; que cet aga n'avait aucune autorité, mais seulement un droit d'inspection sur le pays. Notons encore que l'impôt des 7,000 piastres portait sur les marchandises comme sur les individus; ceux-ci avaient le droit de faire tel commerce qu'ils voulaient sans qu'on pût rien exiger d'eux au-delà de ce qu'avait payé la communauté. Il s'ensuivait qu'ils portaient leurs productions à Constantinople sans être soumis à aucune douane, et qu'ils pouvaient aussi librement parcourir toutes les parties du territoire ottoman.

On ne saurait concevoir l'extrême liberté dont on jouissait dans ce pays avant la révolution, et il faut entendre dire aux habitants combien ils pensent avoir perdu au changement. La commune se gouvernait par un conseil de primats, qui faisait des lois simples et peu nombreuses; les jeunes gens devaient, quand ils étaient en âge, se rendre à Constantinople pour y exercer une profession; ils n'avaient le droit de revoir la terre natale et de jouir du repos qu'après avoir fait quelque fortune; autrement ils étaient méprisés. Les mœurs étaient simples et faciles; il n'était pas rare que des troupes de jeunes filles se rendissent seules à la campagne pour y passer plusieurs jours, et jamais on n'entendait dire qu'on les eût insultées. Une honnêteté parfaite résultait de cette innocence. Le vol n'était pas connu ; si des objets précieux se perdaient, il n'était pas nécessaire de l'annoncer ; il suffisait d'aller à la messe le dimanche suivant et on les trouvait à la porte de l'église. Personne n'y songeait si ce n'est le propriétaire, qui ne croyait pas même devoir de reconnaissance à celui qui avait restitué, tant son action paraissait simple et naturelle. Peut-on blâmer les hommes qui se trouvaient dans une si heureuse situation de n'avoir pas épousé immédiatement les intérêts des Grecs ; de n'avoir pas compris cette meilleure liberté qu'on leur annonçait par des impôts exorbitants, par le pillage et par la plus complète anarchie ! Peu à peu cependant les idées nouvelles prenaient le dessus ; les haines religieuses s'effaçaient, et lorsque j'arrivai il y avait peu d'inimitié entre les orthodoxes et les schismatiques : tous s'occupaient du commerce et plusieurs avaient fait des fortunes considérables. Ce que je dis de Syra s'applique également aux autres îles de l'Archipel, excepté à celles où la population turque était nombreuse, comme Chypre, Candie, Rhodes et Négrepont.

La plupart des Syriotes se rendaient à la capitale et entraient chez les Européens en qualité de domestiques. Revenus dans leur pays ils se plaisaient à parler les langues étrangères qu'ils avaient apprises et à répéter entre eux les cérémonies dont ils s'étaient instruits dans les salons de Péra. J'en ai vu plusieurs fois qui se promenaient dans leurs habits de livrée et qui ne s'en croyaient pas moins de bons bourgeois de la ville.

Grace au docteur Bailly, agent du comité philhellénique de Paris, je ne fis que vingt-quatre heures de quarantaine. L'établissement destiné à cet usage me parut avoir été fait bien plus dans des vues d'intérêt que dans un but d'utilité publique. Aucun bâtiment de guerre n'y était astreint. En conséquence, le canot du capitaine Bandiera et les matelots qui le montaient entrèrent immédiatement dans le port, tandis que l'on m'envoya au lazaret. Heureux encore d'y trouver une chambre, car il n'y en avait que six, et le nombre des arrivants était considérable. Il n'était pas facile de se loger au sortir de la quarantaine; les maisons étaient peu spacieuses et la population si considérable que la plus grande partie habitait sous des huttes fabriquées avec des pierres rassemblées à la hâte ou avec de la terre et quelques branches d'arbres. M. Manaraki, ancien courrier du cabinet français, et remarquable par les voyages qu'il avait faits avec le docteur Clarke, prit sur lui de me mettre dans la maison qu'occupait le général Gueheneuc qui alors s'était rendu à Poros. A son retour, cet officier me permit de rester encore chez lui ; nous étions trois couchés dans la même chambre, d'où nous découvrions le port et la mer ; les domestiques du général étaient entassés pêle-mêle avec les bagages dans un autre appartement ; il y avait de plus une petite cuisine, et, comparativement aux autres habitants, nous nous considérions comme dans un palais.

Il est bien difficile de dire quelle raison cachée avait maintenu l'ordre à Syra. Il y avait à la vérité un simulacre de gouvernement, mais son pouvoir était si peu étendu, il était si souvent obligé de céder à la force des choses, à l'influence d'individus puissants, que l'on doit s'étonner qu'il n'ait pas été renversé à chaque pas. L'île était administrée par une épitropie, et les autres autorités étaient l'administration du port et celle de la quarantaine. Toutes étaient mues par le désir de gagner de l'argent et se souciaient peu de l'intérêt public. La police était confiée à un *Politarque*, qui, renouvelant les usages des Turcs, ne sortait qu'escorté d'hommes armés de pistolets et de poignards. Celui-là était Hydriote, et, d'après cet esprit de pays qui domine dans les îles bien autrement que l'amour de la patrie, on disait hautement que l'île appartenait aux Hydriotes. Ces Hydriotes, venus d'Hydra après la révolution, avaient demandé l'hospitalité aux Syriotes; puis, se trouvant en nombre plus considérable, ils avaient fini par les subjuguer et s'étaient emparés de terrains qui leur appartenaient. Des habitants de Chio étaient aussi venus s'établir à Syra, où ils formaient comme une petite nation à part, peu estimée des autres à cause de ses mœurs douces et pacifiques, mais puissante par ses richesses, son industrie et ses nombreuses relations. Plus tard arrivèrent des Candiotes qui s'étaient enfuis de leur île et voulurent aussi dominer à Syra; enfin des capitaines grecs, parmi lesquels on remarquait le voleur Vasso, vinrent à la tête des Palicares de la

Romélie, pour frapper une contribution. Déjà ils s'étaient rendus maîtres de la ville et avaient fait assembler le conseil communal au milieu duquel ils siégeaient, lorsque l'amiral de Rigny parut et les força à la retraite. Sans cet heureux événement la ville eût été pillée.

Malgré toutes ces sources de désordres l'intérêt de la conservation avait prévalu, et Syra était le seul lieu tranquille de l'Archipel; on commençait à trouver parmi les personnes le plus à leur aise quelque imitation des mœurs des pays policés; et ce mélange de Grecs accourus de toutes les parties de la terre s'organisant en commun et marchant vers la civilisation, était assez remarquable. Chaque peuplade perdait insensiblement ses préjugés particuliers. Les femmes Hydriotes ne pensaient plus qu'un voile fût indispensable; les hommes ne tenaient plus autant à porter leur costume national; peu à peu ils prenaient les vêtements européens. Mais d'un autre côté l'immoralité succédait aux vertus qu'ils avaient autrefois. Ils ajoutaient les vices de l'Europe à ceux qu'ils tenaient de leur éducation; la religion perdait chaque jour de son empire sur leur esprit; aucun n'avait honte de dire je suis voleur, pirate, faux monnoyeur. Les corsaires venaient dans le port sans aucune contrainte ; les bandits arrivaient sans se cacher davantage, et au milieu du bazar, devant tout le peuple assemblé, on faisait sans scrupule aucun de la fausse monnaie dont on se servait aussitôt que possible dans les transactions commerciales.

Tous les étrangers qui habitaient la Grèce, tous ceux qui étaient accourus pour la secourir se réunissaient à Syra. Aussi y trouvai-je nombre d'Européens qui y résidaient ou qui venaient s'y reposer de leurs fatigues. Ce fut là que je vis les agents des comités philhelléniques, le docteur Bailly, envoyé du comité de Paris, le docteur Gosse, député par celui de Genève; enfin le colonel Heydeck venu de la part des Bavarois. Tous les philhellènes se groupaient autour de ces messieurs ; les Français s'adressaient le plus souvent au docteur Bailly, les Anglais au docteur Gosse, qui représentait lord Cochrane; les Allemands entouraient le colonel Heydeck. Il est aisé de concevoir de quelles difficultés était hérissée leur mission. Chaque jour ils avaient de nouvelles prétentions à rejeter ; tous croyaient avoir un droit égal aux secours des comités ; le gouvernement, la marine, les corsaires, les corps réguliers, les capitaines qui se lançaient dans des expéditions aventureuses, tous demandaient de l'argent, des vivres, des munitions, des vêtements ; tous étaient successivement amis ou ennemis des comités, suivant que leurs sollicitations avaient eu un bon ou un mauvais succès.

Deux choses étaient nécessaires aux Grecs, l'ordre au dedans et la guerre au dehors. A l'intérieur l'ordre ne pouvait être établi que par une force régulière, dépendante du gouvernement et capable seule de faire respecter les lois. A l'extérieur, au contraire, la guerre de partisans était la seule praticable ; les expéditions toujours malheureuses du colonel Fabvier, celles que venaient de faire lord Cochrane et le général Church avaient prouvé avec évidence que des troupes régulières ne pouvaient offrir qu'un faible secours ; qu'une fois battues, le sort de la révolution était compromis. On ne pouvait donc s'empêcher d'aider tous ces capitaines, tous ces Palicares, bien que l'on eût peu d'estime pour eux. Mais il était impossible de ne pas reconnaître que des chefs de voleurs, tels que Colocotroni, Karaïskaki et autres, avaient seuls maintenu la guerre par le pillage dans des pays où une armée régulière grecque n'aurait pu subsister faute d'administration. De là le mécontentement des officiers Européens, pour qui les corps qu'ils avaient formés et qui leur avaient donné des preuves de dévouement étaient tout et paraissaient autrement intéressants que les hordes rassemblées en Romélie ou dans le Péloponèse. Chaque chef avait les mêmes prétentions; chacun vantait les secours qu'il avait apportés à la patrie, les sacrifices qu'il lui avait faits, les récompenses auxquelles il avait droit, la confiance qu'il méritait. Honneur donc aux membres du comité qui ont eu à supporter les plaintes de chacun, qui ont eu d'amères critiques à essuyer, dont on n'a même pas craint d'attaquer la moralité, et qui n'ont pas cessé de remplir avec zèle l'honorable mission dont ils s'étaient chargés; ils savaient cependant qu'ils ne devaient compter ni sur l'estime ni sur la reconnaissance du peuple qu'ils servaient avec un si grand dévouement. Ils savaient que chez lui tout était calcul, spéculation d'argent; que l'on ne faisait aucune expédition dans un but d'utilité publique, mais seulement après s'être assuré de ce qu'elle pourrait rapporter, et que l'on n'était pas disposé à supposer aux membres des comités plus de désintéressement qu'il n'y en avait ailleurs.

On s'étonnera sans doute de cet esprit de rapine qui s'était emparé d'un peuple que partout on considérait comme animé seulement de l'amour de la patrie ; il est très vrai que dans les premiers temps de la révolution il fut inspiré par de nobles sentiments, mais les premières guerres avaient enrichi les soldats qui les avaient entreprises. Presque tous les Turcs de la Morée avaient été massacrés ; leurs richesses, les bijoux de leurs femmes et de leurs enfants étaient devenus la proie des vainqueurs; les provisions et les trésors qui suivaient Dramali-Pacha avaient eu le même sort; l'esprit de piraterie avait succédé aux combats maritimes contre les Turcs; un nombre considérable de bâtiments marchands de toutes les nations était chaque jour dépouillé par le tribunal des prises ; l'emprunt fait en Angleterre était allé s'enfouir dans la caisse de quelques particuliers. Les matières d'or et d'argent abondaient. Chaque individu dont on soupçonnait les richesses les convertissait en marchandises ou en traites sur Zante, Corfou et Céphalonie, de telle sorte que chacun affectait les dehors de la misère et après avoir morcelé la fortune publique se mettait à l'abri de retours fâcheux. Il n'était pas un de ces misérables soldats connus sous le nom de klephtès et de palicares qui, suivant l'usage de porter toujours son argent sur soi, n'eût grand nombre de pièces d'or cachées sous sa tunique crasseuse. La générosité des Européens avait contribué à exciter encore cette soif des richesses. Tout paraissait bon pour faire de l'argent; les munitions de guerre étaient exposées sur la place publique ; les armes destinées à la défense de la patrie étaient un objet de commerce; les vêtements, le pain étaient également vendus. Le gouvernement lui-même agissait comme les particuliers, à tel point que l'on ne craignait pas de faire payer des droits d'ancrage aux bâtiments qui portaient les secours des comités philhelléniques. Tout sentiment honorable avait disparu, et la vieille haine religieuse que l'on portait aux Turcs s'affaiblissait chaque jour. Les habitants des campagnes, tour à tour pillés par leurs amis et leurs ennemis, soupiraient seuls après un meilleur ordre de choses, et leurs plaintes étaient étouffées par les hommes qui étaient à la tête des affaires.

Quant à ceux qui étaient venus offrir leur bras et leur épée, on ne cherchait plus à les employer. Le plus grand nombre avait été volé par ces alliés d'un nouveau genre; on s'inquiétait peu de leur avenir, et sans les secours des comités, le plus grand nombre serait mort de misère et de maladie. Aussi la plupart fuyaient cette terre ingrate où ils avaient été si mal récompensés; quelques autres, doués d'une plus grande fermeté ou séduits par la vie aventurière qu'ils menaient, se disposaient encore à courir de nouveaux hasards et de nouveaux dangers. Pour cela les occasions ne manquaient pas; on annonçait plusieurs expéditions; l'une devait avoir lieu contre Chio, une autre contre Candie; une troisième dans le golfe de Volo; la quatrième enfin, dirigée par le général Church, devait se porter vers la partie occidentale de la Romélie.

CHAPITRE XII.

DÉPART DE SYRA. — POROS. — METHANA. — ARRIVÉE DE LORD COCHRANE. — LE COLONEL FABVIER. — LE PRINCE MAVROCORDATO. — ARRIVÉE A ÉGINE.

Je partis de Syra avec le colonel Heydeck sur une goëlette que la commision philhellénique avait louée pour assurer le transport des objets dont elle était chargée ; je désirais, sous les auspices du colonel, visiter Poros, la côte de la Morée qui lui est opposée, puis passer à Égine et dans d'autres îles de l'Archipel. Nous partîmes au coucher du soleil et le lendemain nous arrivâmes à notre destination. Nous aperçûmes dans le lointain un petit fort construit par M. de Heydeck pour défendre l'entrée du port de Poros, l'un des plus beaux de l'Archipel, et le centre de la marine militaire des Grecs.

La ville de Poros est bâtie en amphithéâtre sur le penchant de la montagne et n'est séparée du Péloponèse que par un bras de mer fort étroit que l'on peut aisément traverser à la nage. L'île est peu peuplée et les habitants sont pour la plupart des marins hydriotes qui pendant l'hiver conduisent leurs bâtiments dans le port, où ils sont plus en sureté. Au midi on voit l'immense plaine de Damala, cultivée en coton et en vignes; sur le penchant de la colline sont des forêts d'orangers et de citronniers. L'olivier se trouve dans le bas pays et y parvient à une grosseur considérable. Le terrain est volcanique; on y voit du basalte, des brèches composées de tuf renfermant des débris de basalte. De l'autre côté du détroit les montagnes sont de calcaire primitif sur lequel la coulée paraît avoir eu lieu; elle aurait recouvert Poros, une partie de la plaine et la presqu'île de Méthana. Les habitants de Poros s'adonnent à la pêche et à la navigation. Le port situé au midi de l'île forme un cercle autour d'elle; on y est à l'abri de tous les vents; on peut y entrer de deux côtés avec de légers bâtiments, et si on le creusait un peu vers son extrémité orientale, il aurait le précieux avantage que l'on pourrait en sortir, quel que fût le vent dominant. Les maisons sont basses et mal construites à Poros, et en général l'île n'offre pas de vestiges d'une ancienne prospérité. Le colonel Heydeck logeait avec ses gens dans une petite chambre; les personnes qui le secondaient dans ses travaux occupaient un autre appartement. Il y avait quelque mérite de la part de ces hommes qui pour la plupart appartenaient à de bonnes familles, et qui avaient obtenu dans leur patrie des grades supérieurs, à vivre au milieu des privations de toute espèce, sans chaises, sans tables, sans lits, manquant souvent des choses les plus nécessaires, et ne se vengeant que par quelques épigrammes lancées contre les Grecs qu'ils ne servaient pas avec moins de zèle et moins de courage.

Le lendemain de notre arrivée fut pour ces messieurs un jour de triomphe. Le bâtiment à vapeur commandé par le capitaine Hastings, suivi par le brick du capitaine Thomas, avait forcé le détroit de Lépante malgré le feu des batteries turques, et venait d'incendier sept bâtiments de guerre de cette nation. Ce fait d'armes, l'un des plus beaux de la marine grecque, fut raconté par un des acteurs, et le lendemain, lord Cochrane parut dans les eaux de Poros montant la frégate l'Hellas, la plus belle de l'Archipel. Il venait pour exiger du gouvernement la paie des troupes qui se révoltaient à son bord. Croirait-on jamais quelle était l'intention de ces marins qui s'étaient conduits avec tant de bravoure contre l'ennemi? Fatigués de ne pas recevoir leur solde, ils voulaient s'emparer d'une corvette qu'ils avaient capturée à Ibrahim Pacha et la lui vendre pour leur compte. Lord Cochrane, suivi de quelques hommes dévoués, fut obligé de se précipiter dans son canot armé de raquettes, et de déclarer qu'il incendierait la prise plutôt que de la voir de nouveau entre les mains des Turcs. Cette menace et l'annonce de la victoire de Lépante purent seules calmer l'équipage et le faire rentrer dans le devoir. Si l'on prend en considération le peu de secours que la marine nationale recevait du gouvernement, le manque de discipline des troupes de terre et de mer, on ne sera pas étonné du peu de succès qu'un homme aussi célèbre a obtenu pendant qu'il a commandé les forces maritimes de la Grèce; peut-être lui reprochera-t-on d'avoir accepté le commandement d'hommes qu'il ne connaissait pas, de s'en être trop légèrement rapporté aux promesses faites par les comités de lui fournir des matelots européens et des secours qu'il n'a jamais reçus. Mais il y aurait de l'injustice à ne pas reconnaître que des obstacles insurmontables s'opposèrent à ses projets et à ses entreprises ; il y en aurait une plus grande encore à ne pas reconnaître qu'il fit tout ce que l'on pouvait attendre de son caractère ferme et résolu, et qu'il fut exempt de ces sentiments de haine et de jalousie qui portèrent un si grand préjudice à la Grèce ; à ne pas reconnaître enfin qu'il prêta son appui à toutes les entreprises utiles sans rechercher quels en étaient les auteurs.

Après lord Cochrane nous vîmes à Poros un homme non moins célèbre que lui dans l'histoire de la Grèce ; c'était le colonel Fabvier, fameux par sa bravoure, par la constante opiniâtreté avec laquelle il avait formé et maintenu un corps régulier malgré le gouvernement, et malgré la jalousie de tous les chefs. Le colonel était habillé en Albanais ; son vêtement était d'une extrême simplicité, et on aurait eu peine à reconnaître en lui l'officier qui s'était distingué si souvent dans les rangs de l'armée française. Mais une conversation animée, un esprit vif et pénétrant, des vues grandes et lumineuses, décelaient bientôt l'homme supérieur. Bien que malheureux dans la plupart de ses entreprises, le colonel Fabvier avait rendu à la Grèce le service le plus signalé en la dotant d'une troupe régulière. Si le traité du 6 juillet avait eu l'assentiment de la Porte, si la guerre contre les Turcs était devenue impossible, rien n'aurait pu sauver ce pays d'un bouleversement complet que le corps régulier. Il était nécessaire pour donner de la force au gouvernement et pour réduire à l'obéissance tous ces chefs de l'intérieur habitués au pillage et à la révolte.

Un autre personnage vivait encore à Poros, qui naguère s'était trouvé chef du gouvernement grec, et qui alors encore avait une grande influence dans les affaires ; c'était le prince Mavrocordato, diplomate habile, qui seul avait dédaigné de s'enrichir quand tous les trésors du pays étaient entre ses mains, mais qui n'avait pu empêcher les dilapidations. Habitué dès son enfance aux intrigues des cours de la Moldavie et de la Valachie, personne ne pouvait lui être comparé pour le tact et pour la finesse ; personne ne connaissait mieux les intrigues et les intérêts des différents partis; personne ne savait mieux la situation et les ressources de la Grèce. Bien que dévoué à la révolution, il ne dissimulait pas qu'un gouvernement militaire ne fût nécessaire pour rétablir l'ordre ; d'après ses calculs la population libre de la Grèce ne s'élevait pas au-delà de huit cent mille ames ; il pensait que la seule limite possible du nouvel état devait être entre le golfe de Prevesa et celui de Zeitoun, et c'était lui-même qui avait indiqué ces frontières que le gouvernement venait de demander dans un mémoire adressé aux puissances médiatrices. Il comptait que la révolution avait fait périr environ deux cent mille Grecs et un nombre à peu près double de Turcs; et quant aux impositions que d'après le traité on aurait à payer au Grand-Seigneur, il pensait que l'on ne pouvait avoir que des présomptions, car jamais rien de fixe ni de régulier n'avait eu lieu à cet égard.

Le prince Mavrocordato était dévoué aux Anglais et ne s'en cachait pas; c'était, d'après son opinion, la seule puissance qui eût agi efficacement en faveur des Grecs; c'était elle qui était intervenue, qui avait obligé les autres à prendre un parti. Si on lui parlait de la France et de l'intérêt que son gouvernement prenait aux Hellènes, il prétendait fort plaisamment que cet amour était par trop platonique, et que des malheureux avaient besoin non de belles phrases, mais de secours.

Je profitai de l'invitation que m'avait faite le colonel Fabvier pour me rendre à Methana, où il avait établi son quartier-général. Pour cela je traversai le bras de mer qui sépare Poros du continent, puis longeant la côte de la Morée, j'eus à franchir une chaîne de montagnes au sommet desquelles se trouvaient les avant-postes du colonel; il avait établi sa demeure sur le revers opposé et près de la mer qui y forme un port vaste, sûr et profond. Là se trouve une langue de terre qui, s'élargissant davantage, forme un des côtés du port et une presqu'île qui seule était restée à l'abri des révolutions et du pillage. Les villageois obligés de fuir de l'intérieur y conduisaient leurs familles et leurs troupeaux; il s'y était formé sous la protection de M. Fabvier une colonie qui pouvait, jouir du repos, grâce à la discipline introduite dans le camp. Le colonel avait choisi cette retraite à cause de la facilité que l'on trouvait de la défendre et d'en sortir pour se porter sur tel point de la Grèce qu'il était nécessaire ; il était facile en effet de passer en Romélie, et dans les îles ; de franchir l'Isthme de Corinthe et de se rendre dans telle partie de la Morée qu'on aurait voulu. Deux forts avaient été construits sur la montagne ; l'entrée du camp était d'une extrême difficulté et une batterie de canon défendait le port. Ainsi, malgré l'expédition contre Nègrepont, malgré l'irritation qu'avait causée la capitulation d'Athènes, attribuée par les Grecs au colonel Fabvier, il n'en était pas moins le chef le plus puissant de la Grèce; et ceux qui l'ont accusé d'ambition ne sauraient nier que, s'il l'eût voulu, il pouvait renverser le gouvernement et le maîtriser à son gré.

Lorsque j'arrivai au camp tout y était dans l'agitation; les gens qui se proposaient de faire l'expédition de Chio avaient résolu de confier au colonel Fabvier le commandement en chef ; en conséquence ils avaient envoyé des bâtiments loués par eux pour prendre à Methana des munitions qui s'y trouvaient déposées. Je profitai du départ de l'un de ces bâtiments pour me rendre à Égine. Il était du nombre de ces corsaires d'Hydra qui depuis quelques années donnaient de si vives inquiétudes au commerce européen ; le capitaine me montra des certificats des officiers qu'il avait rencontrés en mer et qui l'avaient empêché de visiter leurs convois ; il était offensé de ce procédé qu'il prétendait n'avoir jamais mérité. Par précaution cependant, et à l'exemple de tous les bâtiments qui suivaient la même carrière que lui, il était muni de trois pavillons ; il avait en même temps le pavillon ionien, le pavillon russe et le pavillon grec ; il présentait l'un ou l'autre suivant l'occurrence. Ce navire, qui appartenait à la marine militaire, était fort léger ; des voiles énormes de coton lui donnaient une marche supérieure ; il avait à bord trente marins bien armés et quatre petites pièces de canon. On ne remarquait aucun objet de luxe, aucun ameublement dans la chambre du capitaine ; du biscuit, des olives salées, du caviar, des anchois et quelques barriques d'eau-de-vie, composant les provisions, y étaient entassés. Dans l'un des angles une lampe était toujours allumée devant l'image du saint protecteur du bâtiment. Nous allâmes jusqu'en vue d'Égine; mais comme nous étions près d'entrer, le frère du capitaine vint à bord, portant une lettre de marque qui l'autorisait à aller en course sur les côtes de Candie. On ne perdit pas de temps pour prendre cette nouvelle direction; je montai dans la barque qui avait apporté le nouveau venu et je me rendis à terre; bientôt j'eus perdu de vue mes compagnons de voyage, empressés de mettre à profit les derniers jours de la saison pendant lesquels la course est un peu productive.

CHAPITRE XIII.

ÉGINE. — GOUVERNEMENT GREC. — MAVROMICHALI PRÉSIDENT. — M. GLARAKI. — CAUSES DE LA PIRATERIE. — ARRIVÉE DE LA FRÉGATE DE S. M. LA JUNON.

L'île d'Égine se trouve dans le golfe d'Athènes ; elle est entourée par les côtes du Péloponèse, l'isthme de Corinthe, l'Attique et le cap Sunium ; au nord est Salamine, fameuse par la bataille de ce nom. Vers l'orient sont l'île de Poros et quelques rochers inhabités. Des montagnes élevées se trouvant sur tous ces pays, dont la distance est peu considérable, la mer est ordinairement calme et présente l'apparence d'un vaste lac peu accessible aux orages, et où les bâtiments peuvent sans danger rester à l'ancre. Aussi plusieurs ne font-ils autre chose que de se placer derrière une petite jetée qui se trouve en face de la ville ; ceux qui sont plus considérables vont se mettre vers l'est derrière un cap formé par les montagnes qui couronnent l'île de ce côté.

Il ne faudrait pas juger d'Égine par ce qu'elle était lorsque je l'ai vue. Cette île, qui passe pour une des plus agréables de l'Archipel, venait de recevoir tous les réfugiés de l'Attique, tous ceux qui demandaient des secours au gouvernement qui s'y était établi. La ville était formée de petites maisons de terre, et on ne pouvait citer que deux ou trois habitations un peu vastes. L'une d'elles servait de siége au gouvernement et était entourée de murs élevés. La salle du conseil était placée dans une espèce de tour, et on y parvenait par une échelle de bois; le reste était habité par Piétro, bey du Magne et par son fils, alors président du gouvernement grec. Celui-ci se faisait sans aucun scrupule nommer bey-zadé, comme au temps de la domination turque. Un autre membre du gouvernement, l'Hydriote Marqui, logeait dans une maison qui n'avait qu'une seule chambre, où il vivait avec sa famille. J'étais recommandé à tous les deux par le colonel Fabvier, et lorsque je réclamai un logement, on ne put m'offrir que la salle où le commissaire de police tenait ses audiences. Encore fut-ce là une faveur spéciale; je la refusai et j'établis mon domicile dans un cabaret; je couchais sur le comptoir où l'on vendait de l'eau-de-vie pendant la journée; le soir on plaçait un matelas, et dès le matin il fallait être debout et céder la place aux matelots qui désiraient se lester avant le départ. Comme tout est relatif, je me trouvais heureux en comparant mon logement à celui des personnes qui étaient à Égine en même temps que moi. M. Timoni, le même qui était venu comme commissaire du gouvernement russe, avait été forcé de rester dans la mauvaise goëlette grecque qui l'avait conduit. Le consul autrichien, M. Groppius, alors seul agent public près du gouvernement, menait la vie d'un nomade; tantôt à bord des bâtiments de guerre quand il s'en trouvait dans le port, tantôt dans la maison des particuliers qui étaient obligés de s'absenter; il occupait alors conjointement avec trois ou quatre personnes la petite maison du général Church et il y avait transporté sa chancellerie. Le ministre de la marine et des affaires étrangères, Glaraky, n'était pas mieux logé. J'étais chargé de lui remettre vingt francs, et quand je me présentai chez lui pour remplir cette importante commission, je trouvai son excellence dans une méchante chambre où étaient un lit une malle et deux chaises ; deux femmes Chiotes, qu'il avait de ses deniers rachetées de l'esclavage, raccommodaient du linge, et quelques livres de médecine, épars çà et là, attestaient son ancienne profession. J'eus l'honneur de m'asseoir sur la malle tandis que le ministre se tenait sur une chaise à trois pieds ; dans l'antichambre était la chancellerie, où nous entendions les commis se disputer avec les corsaires qui venaient demander l'autorisation de faire la course.

C'est ici le moment d'expliquer les causes de cette piraterie qui a si souvent alarmé le commerce européen et souillé la révolution grecque. J'ai déjà dit que les Grecs étaient parvenus avant l'insurrection à créer une puissante marine commerciale. On ne comptait pas dans l'Archipel moins de vingt-deux mille marins ; la plus grande part appartenait aux îles d'Hydra, de Spezzia et d'Ipsara. Cependant, d'après le mode usité de navigation, la plus grande part des bénéfices venait aux principaux de ces îles, et ces primats avaient acquis des fortunes considérables ; quelques-uns, tels que les Conduriotti et les Tombazi, pouvaient se ranger parmi les plus riches capitalistes de l'Europe. Lorsque ces îles suivirent le parti de l'indépendance, le commerce avec Constantinople fut suspendu, et les sources de prospérité se tarirent. Mais alors le gouvernement pouvait disposer de quelque argent ; des emprunts faits en Europe, des dons patriotiques, donnèrent le moyen d'entretenir pendant quelque temps une marine nationale et de subvenir par là aux besoins toujours renaissants de ce peuple de matelots. Il n'en fut plus de même dès que le trésor public eut été épuisé par les charges de l'état et par les concussions des particuliers. Le nombre de matelots employés diminua chaque jour, et les propriétaires des navires durent venir au secours de ceux qui avaient travaillé à l'édifice de leur fortune. Ce n'était pas sans doute la reconnaissance mais bien la crainte qui les engageait à faire des sacrifices. Cet état de malaise tendait toujours à s'accroître, lorsque par une inconcevable condescendance, ou plutôt pour ne pas dévier de son principe maritime, que le pavillon ne couvre pas la marchandise, l'Angleterre permit que l'on condamnât à Nauplie des bâtiments anglais. Aussitôt les Grecs adoptèrent le principe anglais, et ne se trompèrent pas en y voyant une source inépuisable de trésors. Tous ces navires prirent des lettres de marque; tous se mirent en course, et aucun ne revenait sans avoir fait quelque prise qu'il était sûr d'avance de faire condamner. Il ne fut plus possible dès lors d'avoir une marine nationale; il était bien plus agréable pour les équipages de s'emparer des bâtiments neutres dont ils s'appropriaient la cargaison, que de croiser et de se battre pour quelques centaines de piastres ; aussi lorsque lord Cochrane prit le commandement de la flotte, loin de pouvoir se faire seconder par les vaisseaux grecs, il ne put les empêcher de le quitter, et de suivre telle route qui leur semblait plus avantageuse. Les uns se placèrent entre le cap Matapan et l'île de Candie, lieu obligé de passage quand on vient de l'Europe; d'autres se rendirent dans le golfe d'Alexandrie et sur les côtes de Barbarie. Un de ces vaisseaux, que l'on avait expédié à Volo pour coopérer à une attaque projetée dans cette partie de la Grèce, ne craignit pas de gagner l'Adriatique, et d'enlever deux bâtiments qui se rendaient de Trieste à Livourne ; puis il vint effrontément les vendre à Égine. Encouragés par l'impunité, et trouvant que le jugement du tribunal des prises était une vaine formalité, plusieurs finirent par s'emparer de prime abord des cargaisons qu'ils rencontrèrent ; une multitude de pérames, de sacolèves, de mistics couvrit l'Archipel, où tout fut abandonné à un pillage général. Ceux qui avaient des capitaux les donnèrent pour construire les barques, d'autres vendirent les produits de la course ; il n'était pas une marchandise d'Europe qu'on ne livrât à vil prix sur toute l'étendue du territoire Grec ; bientôt la fureur du gain s'emparant de toutes les ames, on vit succéder d'horribles actes de barbarie. Des équipages entiers furent massacrés ; on mit des capitaines à la torture pour leur faire avouer où était déposé leur argent ; quel que fût l'âge, le sexe, le rang, personne ne pouvait se soustraire aux mauvais traitements.

Ce n'était pas au gouvernement grec, ni même aux particuliers un peu influents, que l'on devait attribuer tous ces désordres. Ils en étaient les premières victimes ; les cabinets de l'Europe, et surtout l'Angleterre, doivent en supporter tout le blâme. Que pouvaient en effet lord Cochrane, le ministre Glaraki, contre les pirates? Les ordres de l'amiral Grec pouvaient-ils être exécutés mieux que ceux des amiraux français et anglais? Avait-il comme eux une marine nombreuse et fidèle? Sa frégate et deux ou trois autres bâtiments montés par des Grecs, étaient-ils comme les leurs disposés à faire la chasse aux forbans? Avait-il comme eux à venger tant d'outrages faits à leur pavillon? Ses équipages ne se seraient-ils pas révoltés si on les avait obligés à se battre contre leurs compatriotes, à punir des hommes dont ils se seraient estimés heureux de partager les méfaits? Et quant au ministre de la Marine, pouvait-il, comme on l'exigeait, refuser des lettres de course? Quand un capitaine venait à la tête de trente hommes armés lui demander un brevet, quand on le menaçait, quand on frappait ses employés, sans qu'aucune résistance fût possible, comment aurait-il refusé? Le tribunal des prises même, n'avait-on pas été obligé de le composer d'hommes abjects, qui s'estimaient trop heureux de s'arranger avec les pirates pour condamner toutes les prises? Si ces hommes eussent eu quelque pudeur, sans doute ils se seraient retirés, mais qui aurait pu siéger après eux dans ce tribunal, et tenir d'une main ferme la balance de la justice?

On n'aurait pas vu toutes ces pirateries si les cabinets de l'Europe avaient agi avec quelque franchise et quelque fermeté. Aucun d'eux ne reconnaissait le gouvernement grec, mais tous le toléraient. Que s'ensuivait-il de cette position équivoque? On ne pouvait prêter aux autorités grecques une force matérielle qui leur manquait pour faire exécuter les lois et les règlements; d'un autre côté, on ne pouvait faire juger les pirates à Toulon ou à Malte, parce que, faute de preuves et de témoins, on les renvoyait toujours absous. J'ai vu un capitaine Hydriote qui se vantait lui-même d'avoir tué de sa main sept Anglais composant l'équipage d'un vaisseau dont il s'était emparé; il revint de Malte, en plaisantant sur la bonhomie des Européens, qui l'avaient bien nourri, bien traité, et qui le renvoyaient avec une indemnité suffisante. Pareille chose arrivait à Toulon, où des misérables qui avaient volé et assassiné nos compatriotes, recevaient le produit des souscriptions qu'une niaise philanthropie établissait en leur faveur. Si on avait reconnu le gouvernement Grec, rien n'eût été aussi aisé que de faire condamner quelques uns de ceux qui déshonoraient ainsi la noble cause qu'ils devaient défendre. Si au contraire on considérait les Grecs comme sujets de la Porte, que ne lui livrait-on les coupables? Elle n'eût pas hésité à en faire pendre quelques uns, et cette mesure aurait été plus efficace que des doléances et des représentations. Il est évident que laisser un pays sans lois, sans police, et sans administration aucune, est la meilleure manière d'y entretenir le désordre; si le commerce a souffert, c'est aux gouvernements européens qu'il le doit. Si toutes les institutions sociales étaient détruites dans les pays civilisés, aucun ne tarderait à devenir ce qu'était alors la Grèce.

On croirait peut-être faire une objection à ce que je viens d'exposer, en disant que la marine militaire que l'on entretenait dans le Levant était assez forte pour protéger le commerce. Il y aurait une injustice complète à ne pas reconnaître les services qu'elle a rendus; on doit même ajouter que sous l'administration de

M. de Rigny les convois étaient donnés avec la plus grande facilité, que la protection était tellement efficace, que l'on chargeait plus volontiers sur les bâtiments français que sur aucun autre; qu'enfin on a capturé proportionnellement moins de vaisseaux français que l'on n'en a pris sous d'autres pavillons. Mais, malgré tous les soins et toutes les précautions, il était impossible d'éviter tous les dangers, d'échapper à des corsaires et à des pirates qui étaient par cinquante à chaque détroit. Un bâtiment de guerre chargé de donner l'escorte pouvait-il abandonner son convoi pour les poursuivre? Et les croisières elles-mêmes avaient-elles tant de facilités pour les atteindre? Par un vent faible, les Grecs avec leurs larges voiles avaient une marche bien supérieure; chassés pendant une bourrasque, ils se précipitaient à travers les passages et les récifs qui leur étaient connus, et où l'on ne pouvait les suivre; ou bien à l'approche du danger, quand on signalait des bâtiments de guerre, ils coulaient au fond de la mer leurs légères embarcations, et si on voulait descendre à terre il n'était pas rare que cachés derrière les rochers ils ne fissent feu, pour s'enfuir après dans l'intérieur du pays. C'est ainsi qu'ils avaient agi contre une corvette Autrichienne qui fut obligée de capituler à Scopelo et qui s'estima heureuse qu'on lui laissât la liberté de remettre à la voile. Que pouvaient faire les marines royales, lorsque tous les habitants étaient ligués contre elles, lorsque l'on avait établi sur tous les pays élevés des signaux pour annoncer leur approche ; lorsqu'ils ne trouvaient aucun individu qui osât leur donner des indications certaines. Leur position était plus délicate encore par la facilité avec laquelle le gouvernement Ionien et le gouvernement Russe livraient leur pavillon. On a vu des bâtiments et jusqu'à des barques construites en Grèce, dont le capitaine se rendait chez les agents publics Ioniens, faisait pour quelque argent une vente simulée et achetait le pavillon que l'Angleterre protégeait. D'autres portaient la bannière Russe, qui leur coûtait cinquante francs à Odessa, car dans ce pays tout est vénal; ils revenaient, faisaient également une vente simulée, obtenaient le pavillon Ionien, puis le pavillon Grec, et se plaçant alternativement sous l'un et l'autre, exerçaient la piraterie et pouvaient nonobstant se présenter comme de bons négociants trafiquant sous l'égide de deux des premières puissances de l'Europe. Ici, nous devons nous glorifier ; le pavillon blanc ne paraît qu'à de rares intervalles dans les mers du Levant, mais du moins il n'y a jamais été souillé ; jamais il n'a servi à la fortune particulière d'agents publics ; jamais il n'a couvert le meurtre et la rapine.

Je crois avoir indiqué les causes auxquelles on doit rapporter la piraterie et celles qui en ont empêché la répression ; mais on ne sentait alors que le mal qu'elle causait. Un concert de plaintes s'éleva dans les marines militaires et marchandes, parmi les négociants ; de vives remontrances furent faites par les chambres de commerce, et les amiraux durent prendre des mesures que leur conseillait leur prudence, à défaut d'instructions des gouvernements. Ce fut ce qui décida l'amiral de Rigny à expédier à Égine le capitaine Leblanc, commandant de la frégate La Junon. Telle était la confusion qui régnait alors, que les officiers de la marine royale devaient s'interposer pour remplir des fonctions consulaires; que la France, l'Angleterre et la Russie, signataires du traité de Londres, n'avaient pas même un agent près du gouvernement Grec, tandis que l'Autriche, qui n'avait pas voulu consentir au traité, faisait soigner ses intérêts commerciaux par M. Croppius, et empêchait par là la ruine complète de sa marine.

J'étais depuis près de huit jours à Égine lorsque la Junon vint y jeter l'ancre; pendant ce temps je m'étais rendu à pied au temple de Jupiter placé sur une montagne en face d'Athènes; de ce sommet nous découvrions cette ville, une grande partie de l'Archipel; nous voyions Salamine, le Pirée et tant d'autres lieux célèbres par l'histoire. Nous croyions vivre encore au milieu de toutes ces républiques de la Grèce et nous admirions comment ces mœurs antiques s'étaient conservées à travers les révolutions politiques et religieuses. Tous ces petits états se précipitant les uns sur les autres, se subjuguant tour à tour existaient encore; comme aux temps passés les habitants de l'Attique avaient formé une colonie sur l'île d'Égine; comme alors les pirates infestaient la mer; la haine que ceux du Péloponèse portaient aux Athéniens ne s'était pas affaiblie. Tous ces rois puissants tels qu'Ajax et le divin Diomède étaient assez bien représentés par Nikitas, Colocotroni et autres chefs de voleurs. La terre seule avait changé; au lieu des temples et des monuments antiques on n'apercevait que des masures et de petites chapelles; dans ces pays autrefois si fertiles on ne voyait qu'une campagne déserte dont la solitude n'était troublée que par les chants rauques et discordants de quelques pasteurs. Mais ces pâtres eux-mêmes venaient de la terre sacrée qui donna le jour aux pères de la poésie, de l'histoire et de l'église; ils avaient hérité de leur imagination brillante; comme eux ils chantaient les hauts faits des héros; comme eux ils savaient célébrer avec emphase des actions peu importantes. Toutes ces réflexions furent interrompues lorsque nous découvrîmes à l'horizon une suite de bâtiments de guerre se dirigeant vers la Morée; c'était la flotte française qui se rendait à Navarin; à notre retour nous apprîmes qu'un armistice avait eu lieu entre Ibrahim-Pacha et les amiraux; lord Engestree était allé dans le golfe de Lépante pour arrêter la marche du général Church, et le capitaine Leblanc avait ordre de faire au gouvernement grec des représentations sur l'expédition que l'on méditait contre Chio.

CHAPITRE XIV.

POSITION DE MEHEMED-ALI, PACHA D'ÉGYPTE. — EXPÉDITION DE CHIO. — ÉPITROPIE. — TRIBUNAL DES PRISES.

D'inutiles représentations avaient été faites pour empêcher la flotte turque de se rendre à Alexandrie; on espérait être plus heureux en s'adressant au pacha d'Égypte, et en l'engageant à ne pas tenter de nouvelles expéditions, et à retenir les flottes combinées; on supposait que le vice-roi saisirait avec plaisir cette occasion de se soustraire au joug du Grand-Seigneur et proclamerait son indépendance : en cela comme dans toutes les circonstances on jugeait d'un Turc en lui prêtant des sentiments européens. Il n'en était pas ainsi, et Mehemed-Ali ne craignit pas de se jouer des diplomates que l'on envoya près de lui, en les trompant par de fausses promesses.

La religion, comme je l'ai dit plusieurs fois, est tout pour les Turcs ; ils sont estimés plus ou moins, suivant qu'ils sont meilleurs mahométans ; comme tels ils voient dans le Grand-Seigneur le successeur des califes, le représentant d'une famille revêtue d'un caractère sacré ; aucun ne prétendrait se soustraire à ce préjugé et marcher l'égal du souverain ; tous lui doivent hommage. Dans une société aussi peu perfectionnée, il peut arriver souvent que des gouverneurs se révoltent, qu'ils refusent de payer l'impôt, qu'ils cherchent à échapper aux capidji-bachis, aux firmans de sa hautesse ; mais ces rébellions ne sont jamais faites dans le but de se rendre indépendants, mais bien dans celui de garder leurs emplois. S'il pouvait entrer dans l'esprit des pachas qu'ils peuvent se soustraire impunément à l'autorité du Grand-Seigneur, il n'y en aurait pas un qui ne voulût profiter de ce bénéfice, et la dislocation de l'empire Turc aurait eu lieu depuis long-temps. Qui aurait empêché les pachas d'Égypte, de Bagdad, de Morée, d'Akalsik, de secouer le joug ? Quels moyens de répression la Porte pourrait-elle employer contre eux ? Jamais ils ne l'ont fait parce qu'ils n'ignorent pas que s'ils affichaient une pareille prétention les plus affidés de leurs domestiques se feraient un devoir de purger la terre d'un infidèle qui viole le coran et ne respecte pas le représentant de Mahomet. S'il fallait un exemple pour appuyer mon opinion, je citerais Ali, pacha de Janina, homme sans doute égal à Mehemed-Ali pour le courage et l'habileté. Combien de fois, sous l'Empire, le gouvernement anglais ne l'a-t-il pas poussé à l'indépendance, et quelque avantageuse que fût sa position, a-t-il jamais osé suivre ces conseils? Bien plus, lorsqu'il fut mis au ban de l'empire, lorsqu'on l'eut déclaré *noir* et *infidèle*, que lui servirent ses intrigues, son caractère de fer, son or et sa puissance ? Abandonné de ses serviteurs, il périt misérablement et sa tête fut exposée à la porte du sérail. Tel serait le sort de Mehemed-Ali, s'il voulait suivre cet exemple.

Le caractère religieux du sultan est si bien établi parmi les Mahométans de la secte d'Omar, que les peuples qui vivent hors de sa dépendance ne le considèrent pas moins comme leur chef, et viennent lui prêter hommage. Quel pouvoir exerce la Porte sur les deys de la côte de Barbarie? Aucun, et cependant ces deys envoient tous les ans des présents à Constantinople, et dans les mœurs orientales le fait d'envoyer des présents constitue l'infériorité. Les pachas de Bayazid, de Van, qui sont héréditaires, agissent de la même façon ; les Bukares, séparés de la Turquie par l'empire des Perses, renouvellent chaque année leur hommage, et des envoyés de cette nation passent au sud de la mer Caspienne ou franchissent le mont Caucase pour s'embarquer à Anapa. Il n'est pas jusqu'aux sujets mahométans de l'empire de Russie qui ne s'acquittent de ce devoir, et qui, sous prétexte de faire le commerce, n'apportent leur tribut et ne viennent se plaindre de la domination étrangère.

Connaissant sa position mieux que ceux qui venaient le conseiller, Mehemed-Ali promit tout ce qu'on voulut, et au premier moment favorable ses flottes mirent à la voile et se dirigèrent vers l'île de Rhodes, puis vinrent opérer leur débarquement à Navarin, malgré les escadres combinées de la France et de l'Angleterre. Dès que l'on put être instruit de cet événement, l'amiral Codrington accourut, et une capitulation fut faite par laquelle Ibrahim promettait de ne rien tenter contre les Grecs ; quelques jours après, il profita de l'éloignement des amiraux pour se diriger vers Patras qu'il voulait ravitailler, et on fut contraint de le faire rentrer dans le port. Cependant on voulut bien encore passer sur cette infraction, et le capitaine Leblanc fut, comme je l'ai dit, chargé de donner communication du traité au gouvernement Grec, et de s'opposer à l'expédition de Chio.

On s'étonnera que les Grecs aient été disposés à tenter de nouvelles attaques après les échecs nombreux qu'ils avaient soufferts; après la bataille d'Athènes surtout, où un plus grand nombre d'hommes avait péri en deux heures, qu'il n'en était mort pendant deux années de combats. Mais l'expédition de Chio n'était comme la plupart des autres qu'une entreprise mercantile, une affaire d'argent et de compagnie. Après le sac de l'île, les habitants qui avaient pu s'enfuir s'étaient répandus dans toutes les parties de la Grèce; profitant des circonstances favorables, et de leur aptitude au commerce, ils étaient parvenus à reconstruire leur fortune. Tel d'entre eux qui n'avait sauvé qu'un seul doublon, se trouvait possesseur de cinq beaux navires, d'une somme considérable d'argent, et avait déjà racheté toute sa famille de la captivité. Il se nommait Scala-Manga ; moteur et l'un des principaux chefs de l'entreprise, ses bâtiments portaient le pavillon russe. D'autres réfugiés se joignirent à lui, des dons patriotiques furent faits pour servir à l'expédition; les Grecs de Trieste, de Livourne, de toutes les parties de la Grèce s'empressèrent de contribuer. Alors se forma une épitropie ou gouvernement local, qui dût employer les sommes que l'on avait prélevées. Pour assurer le succès de l'expédition, on résolut d'en donner le commandement au colonel Fabvier ; les arrangements étaient pris de manière à assurer la solde de sa troupe, à payer une partie de son arriéré, de manière à réunir les vivres et les munitions nécessaires. Ou planta des drapeaux dans les lieux publics, et des agents enrôlèrent les soldats irréguliers et les capitaines qui voulaient se louer. On nolisa en même temps les transports nécessaires à l'embarquement. Le gouvernement grec n'avait aucune influence dans ces arrangements ; il devait seulement avouer que l'on agissait d'après ses ordres, et il ne devait ni ne pouvait refuser sa sanction. Toutes les mesures avaient été prises publiquement ; on avait même consulté à ce sujet le commodore Hamilton, lorsque les amiraux décidèrent, après l'armistice, que l'expédition n'aurait pas lieu et résolurent de s'y opposer.

Dès que le capitaine Leblanc eut fait connaître cette résolution, l'inquiétude se répandit parmi les intéressés; ils circonvinrent le gouvernement et l'engagèrent à résister à l'invitation. J'allai à bord de la Junon, sur laquelle je désirais prendre passage pour sortir d'Égine, et je m'y trouvai lorsque vinrent les juges du tribunal des prises, et plus tard l'épitropie de Chio. Les juges cherchèrent à se disculper; ils dirent que depuis le commencement de la révolution les navires neutres, au lieu de faire le commerce pour leur compte, se contentaient d'être les commissionnaires des sujets du Grand-Seigneur; qu'en les dépouillant ils ne s'emparaient que des propriétés de leurs ennemis, et qu'ils croyaient en cela faire une guerre loyale, user de représailles légitimes.

Celui qui portait la parole était l'avocat fiscal; les autres membres du tribunal étaient des gens tarés, dont plusieurs avaient fait des faillites qui les avaient obligés de s'enfuir. Quant au président, il était venu en veste avec un chapeau de matelot sur la tête, et son air honteux montrait assez qu'il n'avait pas une haute idée de l'importance de ses fonctions. La conduite peu respectueuse des marins avait sans doute contribué à lui donner cette opinion. Lorsqu'il y avait quelque cause en jugement, les équipages intéressés s'établissaient dans la salle des séances; là ils causaient familièrement, ou bien ils fumaient, se disputaient, se battaient même sans s'inquiéter des juges. D'autres traçaient sur les murailles des images de bâtiments, et il n'était pas rare qu'impatientés de la longueur des plaidoiries ils obligeassent le tribunal à décider immédiatement. Ils étaient d'ailleurs tellement sûrs d'avoir gain de cause que pendant les débats ils déchargeaient les prises et les vendaient d'avance à qui voulait les acheter. On appelait d'abord *presa* tous les bâtiments capturés, mais l'habitude de les voir condamner les avait à la fin fait nommer *buona presa*; il y en avait alors douze dans le port, et entre autres deux français. L'un avait été enlevé au milieu d'un convoi venant de Candie; lorsque le capitaine dit en se défendant que Candie n'était pas bloquée, puisqu'un bâtiment de guerre les escortait, l'avocat fiscal lui répondit que c'était un malheur pour lui si le commandant de l'escorte avait eu la bêtise de le laisser prendre. C'est ainsi que dans le siége du gouvernement on traitait l'un des plus braves et des plus anciens officiers de la marine royale, le capitaine de Chateauville. M. Leblanc, sans s'inquiéter des doléances des membres du tribunal, annonça que dès le lendemain il mettrait à la voile et qu'il emmènerait tous les bâtiments qui voudraient le suivre.

Dans la soirée, les membres de l'épitropie de Chio vinrent à leur tour apporter la réponse du gouvernement. Je dois dire à leur éloge que leurs représentations furent justes et convenables. Ils dirent que l'amiral de Rigny, en leur faisant des plaintes contre la piraterie, n'avait élevé par écrit aucune réclamation sur l'expédition de Chio; que bien qu'ils dussent s'en rapporter au capitaine Leblanc pour ce qu'il leur annonçait, ils n'avaient aucun document officiel qui leur montrât que les trois amiraux fussent d'accord; qu'on n'avait même pas daigné leur dénoncer régulièrement l'armistice conclu avec Ibrahim-pacha; qu'ainsi ils l'ignoraient encore; que cet armistice ne pouvait cependant empêcher les troupes de terre d'Ibrahim et celles de Kutaï-pacha de les attaquer quand l'occasion était favorable; que si les amiraux ne pouvaient rien contre ces hostilités, il y avait injustice à interdire aux Grecs les représailles; que tant de sang qui avait coulé à Chio demandait vengeance, et qu'enfin ils étaient décidés à poursuivre leur entreprise. M. Leblanc employa en vain toute son habileté pour les détourner de leur résolution; ses remontrances, toutes dictées par la prudence et conçues dans leur intérêt, furent inutiles.

Quant à moi, qui me trouvais en Grèce depuis assez de temps pour juger cette entreprise mieux que ne peuvent des marins qui ne font que de courtes relâches dans le pays, j'ai l'intime conviction que l'épitropie ne pouvait agir autrement qu'elle ne l'a fait, et je n'ai jamais pu comprendre pourquoi on lui suscitait des obstacles dans ce moment.

Avec les sommes qu'ils avaient reçues, les chefs de l'expédition avaient soldé la troupe du colonel Fabvier ; ils avaient loué des bâtiments qui croisaient depuis un mois dans le canal de Chio pour empêcher le transport des Turcs de l'Asie ; ils avaient acheté des vivres et des munitions. Nombre de capitaines et de soldats avaient reçu de l'argent et la promesse d'être employés. J'ai vu moi-même de malheureux ouvriers Chiotes vendre leurs ustensiles et leurs habits pour acheter des armes et se rendre à la conquête de leur patrie; et c'était après tous ces préparatifs que, sous le prétexte d'un armistice qu'Ibrahim-pacha violait chaque jour, on venait leur défendre d'exécuter leurs projets. Pourquoi n'avait-on pas pris cette précaution long-temps auparavant ? Le traité du 6 juillet était connu ; qui empêchait alors de mettre obstacle aux expéditions des Grecs comme à celles des Turcs; de renfermer les uns à Alexandrie et les autres à Syra? Et c'était lorsque la flotte turque venait de débarquer tranquillement en Morée, quand Ibrahim dévastait le Peloponèse, que l'on imposait le repos aux Grecs. Sans doute, on sentait qu'une irruption faite aux portes de Smyrne, dans une ile que les Turcs regardent comme le paradis de l'Archipel, devait exciter vivement les inquiétudes de la Porte et compromettre la sûreté des Européens qui habitent l'empire : mais alors il ne fallait pas attendre pour faire des sommations; il ne fallait pas que ces sommations eussent le caractère de l'injustice; il ne fallait pas les faire lorsque l'argent était dépensé, lorsque l'on ne pouvait licencier les troupes sans qu'elles se répandissent çà et là pour commettre de nouveaux désordres.

On a beaucoup parlé de l'inconvénient qu'il y aurait à ce que les Grecs occupassent des iles voisines de la Turquie, et les amiraux ont rédigé à cette époque une note dans laquelle ils manifestent leurs craintes. Je crois que c'est là un point qui mérite d'être examiné. Ou bien les Turcs posséderont des îles de la Grèce, ou bien ils n'en auront pas. S'ils en ont, une marine militaire leur devient indispensable, et alors aucune menace ne les empêchera, suivant leur plaisir, de débarquer dans les possessions grecques et de traiter la population en ennemie ; ils considéreront toujours les pays libérés comme leur propriété et ne manqueront pas de les envahir. Les deux peuples seront toujours en état de guerre, et les limites établies par les puissances médiatrices impossibles à garder. Les Européens entretiendront-ils toujours des escadres pour maintenir leur ouvrage, et ces escadres, en quoi pourront-elles prévenir les agressions ? Si au contraire on laisse les îles entre les mains des Grecs, un état florissant, une marine respectable peuvent s'élever ; alors la civilisation fera des progrès, et après quelques années on n'aura pas plus de craintes d'envahissement de ce côté que de celui de l'Autriche et de la Russie. Non seulement la remise de toutes les îles entre les mains des Grecs serait d'une bonne politique, non seulement ce serait une plus grande garantie de tranquillité ; mais, ce qui est plus important encore, ce serait une grande justice : il n'y a aucune raison pour que l'on soit libre à Samos et esclave à Chio. A Candie comme à Rhodes, comme à Chypre, les Grecs sont les plus nombreux ; comme ceux de l'Archipel ils tiennent à leurs foyers, à leur patrie ; comme eux ils ont fait des sacrifices pour leur indépendance, et de quel droit leur dirait-on : vous serez sujets de la Porte ; et vos frères, vos parents, vos amis ne le seront pas? Vous étiez plus opprimés qu'eux, et pour cette raison vous n'avez pu vous soulever ; ainsi vous n'obtiendrez pas notre protection ; nous ne l'accordons qu'à ceux à qui elle était moins nécessaire qu'à vous.

Après avoir terminé les affaires qui l'avaient conduit à Égine, le capitaine Leblanc mit à la voile et nous nous dirigeâmes vers Milo, où nous entrâmes le lendemain. Plusieurs bâtiments de guerre français étaient à l'ancre ; on avait choisi ce port, l'un des plus spacieux de l'Archipel, comme centre de réunion pour l'escadre ; malheureusement il était difficile d'y faire de l'eau. M. le comte de Laborde venait à cette époque de Smyrne pour retourner en France ; il ne pensait pas alors qu'il serait obligé de revenir sur ses pas par suite de la bataille de Navarin. Le vice-consul M. Brest avait été établi à Milo comme pour prouver ce que j'ai dit sur les agents que l'on entretient dans le Levant; c'était un homme sans éducation, mais élevé dans le pays, dont il connaissait parfaitement les langues et les usages. Aussi avait-il rendu d'immenses services au gouvernement, et les avis qu'il donnait se trouvaient-ils toujours conformes à la vérité. Appuyé par la marine militaire, il était devenu à Milo comme une manière de petit souverain. Il n'épargnait rien de ce qu'il savait être dans les mœurs ; marchant avec une suite nombreuse, entouré de gardes, parlant avec confiance et avec cet air de supériorité qui ne manque jamais d'en imposer aux Levantins, parce qu'ils savent que ceux-là seuls l'affectent qui sont en position de le soutenir.

L'île de Milo était par sa position un centre de réunion agréable aux pirates. Des Candiotes étaient venus s'y établir; ils dominaient dans le pays, et ceux de leurs compatriotes qui faisaient la course se cachaient dans le le nord, d'où ils pouvaient aisément passer à Argentera, à Syphanto, à Antiparos et dans toute cette chaîne d'îles, où ils étaient à l'abri des recherches. M. Brest, qui savait la manière de traiter avec eux, était toujours le premier instruit de leurs projets et de leurs expéditions.

Il était difficile de parcourir l'île dans les circonstances où je m'y trouvais ; la brèche volcanique dont elle est formée, les mines de soufre qu'elle renferme, l'obsidienne et le basalte qu'on y rencontre, en font cependant une des plus intéressantes de l'Archipel pour la géologie ; elle ne l'est pas moins sous le rapport des antiquités ; c'est là qu'on a trouvé près d'un vaste cirque la fameuse Vénus de Milo, que nous devons aux soins de M. de Marcellus; c'est là aussi que l'on a trouvé depuis la révolution un bel Hercule, qui n'est pas encore connu. J'y achetai une médaille de l'île en or, qui est restée inédite ; et, avec M. de Laborde, nous vîmes des pierres gravées et des ornements en or qu'on nous présenta. Si des fouilles étaient pratiquées avec quelque soin, il est difficile d'apprécier quelle quantité de richesses archéologiques on pourrait découvrir. Ce n'était pas le temps de se livrer à de pareilles recherches ; nous étions autrement occupés du récit que nous faisaient tous les capitaines militaires ou marchands qui venaient se plaindre des maux qu'ils souffraient ; la piraterie ne nous étonnait plus, et nous avions fini par concevoir qu'il fallait seulement admirer ceux qui échappaient aux dangers et qui arrivaient sans encombre à leur destination.

Une goëlette de S. M. vint à Milo pendant que je m'y trouvais, et le commandant, M. de Flotte, voulut bien me prendre à son bord et me transporter jusqu'à Syra. Il était chargé d'accompagner un convoi à Smyrne. Nous partîmes le matin, et pendant la nuit nous arrivâmes devant l'île; là je passai sur un vaisseau marchand français qui entrait dans le port; mais à peine avions-nous quitté le convoi qu'un calme plat s'établit et que nous n'avançâmes plus. Grande était la peur des pirates; l'on aperçut tout à coup à l'horizon un point noir, que nous crûmes une embarcation de forbans. Aussitôt nous fîmes des préparatifs de combat, et des gens bien disposés déchargèrent au hasard le canon et toutes les armes qui se trouvaient à bord ; peu à peu ce que nous avions pris pour une barque se montra dans de plus grandes dimensions, et un coup de canon qui vint passer entre nos mâts nous avertit de nous arrêter ; bientôt j'entendis la voix sonore du capitaine Leblanc qui nous ordonnait de jeter l'embarcation à la mer sous peine d'être coulés. Deux ou trois de nos gens, tout honteux d'une pareille méprise, obéirent, et un vent frais s'étant élevé, nous entrâmes dans le port, joyeux d'avoir échappé à tout danger.

CHAPITRE XV.

BATAILLE DE NAVARIN. — SENSATION QU'ELLE PRODUIT EN GRÈCE. — CAUSES QUI LA RENDAIENT INÉVITABLE. — DÉPART POUR TINOS. — AGENTS CONSULAIRES FRANÇAIS ET ÉTRANGERS. — LORD COCHRANE. — DOCTEUR GOSSE. — RETOUR A SYRA.

J'étais revenu depuis peu de jours à Syra lorsque nous apprîmes la bataille de Navarin; on annonçait que la marine turque était détruite; que huit mille matelots de cette nation avaient péri. Ce coup vigoureux, frappé après tant d'hésitation, produisit en Grèce un étonnement général; avant d'y croire on fit jurer sur l'évangile à ceux qui en apportaient la nouvelle qu'ils n'avaient dit que la vérité; le peuple se réjouit de la destruction de son ennemi, tandis qu'une vive anxiété se répandait parmi les personnes de la classe moyenne de la société. Tous avaient des pa-

rents, des amis, des relations dans l'empire
turc; tous craignaient les vengeances que
pourraient exercer les mahométans; et sans
doute ce fut une chose heureuse que les janissaires eussent été alors détruits; on ne peut
calculer à quels excès ils se seraient portés.
Les Francs, les Grecs, les Arméniens, tout
ce qui porte le nom de chrétien sur la terre
musulmane aurait été victime de leur fureur.
Si on suppose que j'exagère les malheurs qui
auraient pu suivre, que l'on examine ce qui
s'est passé lorsque le Grand-Seigneur était
maître absolu, lorsqu'il ne partageait pas son
autorité avec une populace barbare et fanatique. Combien de précautions n'a-t-on pas
prises pour l'instruire du désastre? Combien
d'argent n'a-t-on pas répandu parmi les
femmes de l'arsenal pour qu'elles n'ameutas-
sent pas le peuple! A-t-on osé dire au sultan:
nous avons détruit votre flotte parce que vous
n'avez pas voulu accepter les conditions que
que nous avions faites; parce que vos soldats
ont tiré sur les nôtres; parce que vous avez
insulté nos pavillons? non sans doute; on
s'est excusé, on a allégué une méprise; on a
d'abord avoué la perte d'un bâtiment, puis de

deux, puis de la flotte entière, et il y aurait eu non du courage mais de la folie à parler autrement.

Cependant les amiraux étaient-ils obligés d'en venir à une action qui pouvait entraîner de si grands désastres? sans doute, aucun d'eux ne manquait de prudence; tous avaient un égal désir d'user des voies de conciliation. Mais eux aussi, comme les diplomates de Constantinople, étaient dans l'obligation de se conformer au fâcheux traité de Londres. Si l'on eût fait entrer en considération les préjugés des Turcs, leur mépris pour les Européens, on n'aurait pas espéré placer des escadres entre eux et les Grecs sans qu'elles fussent obligées de combattre. Fallait-il donc laisser Ibrahim pacha violer ses promesses ; fallait-il qu'il pût continuer à dire : « Que m'importent les Européens ; je ravagerai la Grèce si tel est mon plaisir et, je ne partirai que lorsque j'aurai fait ce que bon m'aura semblé ? » Fallait-il souffrir que l'on tirât sur les pavillons alliés ; que l'on tuât impunément des interprètes, des officiers et des marins ? Si ces escadres, venues de toutes les parties de l'Europe, devaient rester inactives, il n'était pas besoin de les envoyer ; de même que pendant les longues années qu'avait duré la lutte qu'on voulait terminer, un seul bâtiment suffisait pour apporter aux gouvernements alliés la nouvelle des massacres et celle de leur déshonneur.

Mais tandis que les amiraux étaient contraints d'en venir aux mains avec les Turcs, les diplomates de Constantinople ne devaient pas moins suivre l'esprit du traité, assurer au divan que l'on n'agissait par aucun sentiment hostile, mais dans des vues de conciliation et d'amitié ; ce langage si doux, d'une part, et ces mesures acerbes, de l'autre, durent être considérés par le Grand-Seigneur comme une perfidie, et il est à remarquer qu'il en fut de même pour toutes les mesures qui dérivèrent du traité ; qu'on les appliquât aux Turcs ou aux Grecs, que l'on voulût aider les uns ou les autres, toutes eurent ce fâcheux caractère.

Les amiraux russe et anglais avaient quitté l'Archipel après la bataille de Navarin ; M. de Rigny s'était chargé de diriger les bâtiments de toutes les puissances qui pouvaient encore tenir la mer ; après quelques réparations nécessaires, il parut devant Syra pour répandre en son nom et en celui de ses collègues une protestation énergique contre la piraterie, et pour désapprouver l'expédition de Chio. Un jour auparavant il aurait pu l'empêcher encore, car elle n'était partie que la veille de son arrivée; mais des devoirs plus pressants l'appelaient à Smyrne, et ce fut vers ce port qu'il se dirigea.

Quels que fussent les événements politiques, je résolus de continuer ma tournée dans les îles, et pour cela je profitai d'une chaloupe canonnière de la flotte grecque qui se rendait à Tinos. Elle portait le Docteur Gosse, chargé de prélever la contribution que cette île devait pour l'entretien des vaisseaux. Lord Cochrane avait en cela succédé au captan-pacha; on lui avait *donné* les îles dont le revenu était appliqué à la marine; malheureusement le gouvernement n'était pas fort loyal dans ses engagements et des contre-ordres étaient venus pour qu'il ne lui fût rien payé. On prétendait que la flotte Turque étant détruite, les Grecs n'avaient aucun besoin de frégates et de corvettes; que ce n'était plus qu'un objet de luxe peu en harmonie avec la pauvreté de l'état. Peu importait à ce gouvernement que l'amiral tînt comme lui ses pouvoirs de l'assemblée nationale de Trezène, il ne s'en croyait pas moins le droit de modifier ce que bon lui semblait. Le docteur Gosse joignait à ses fonctions de membre des comités, de médecin, d'inspecteur des îles, celles de commissaire de la flotte, et il était peu disposé à supporter un manque de foi. Il était difficile de trouver un homme plus vif, plus remuant, animé de meilleurs sentiments que lui. Aussi dès qu'il vit que les raisons qu'il alléguait n'étaient pas écoutées, il menaça la ville de décharger sur elle un immense canon de bronze que portait sa chaloupe ; force fut de payer.

Pendant les pourparlers, je m'étais rendu chez l'agent Français, M. Spadaro, dont les ancêtres avaient depuis une longue suite d'années occupé le même emploi que lui. C'était pour cette raison qu'il le conservait, car il n'y trouvait que des charges sans aucun bénéfice. En cela sa position était la même que celle de ses confrères. Je vais expliquer ce qu'est cette classe d'employés que dans les îles on appelle agents consulaires.

Lorsque le commerce français florissait dans

le Levant, des hommes étaient nommés par les consuls pour veiller à leur place aux besoins des bâtiments du commerce et de l'état; ils avaient pour leurs services droit à une certaine rétribution; aussi ces emplois étaient-ils recherchés et donnaient-ils à ceux qui les obtenaient des bénéfices plus ou moins considérables et une grande considération; les priviléges dont jouissent les Européens leur étaient concédés et on les traitait comme sujets de la puissance qu'ils servaient. Plus tard il n'en fut plus ainsi; le commerce diminua, puis la faculté d'obtenir le pavillon français fut chaque jour plus restreinte; enfin on n'accorda plus aucun droit aux agents sur les bâtiments français; on leur permit toujours cependant de porter la cocarde blanche et de placer un pavillon sur leur résidence. C'était sans doute un grand honneur, et tous leurs compatriotes auraient désiré l'obtenir; mais quand éclata la révolution grecque, quand des populations entières se jetèrent les unes sur les autres, quand des fugitifs des deux partis se pressaient à la porte des consulats, quand il fallut les nourrir, les loger, quand il fallut donner du pain à de malheureux Français qui, pour servir la cause grecque, mouraient de faim dans les rues, quelle récompense leur accorda-t-on pour les sacrifices auxquels on les condamnait? Aucune. Ils se ruinèrent tous; aucun n'abandonna dans le danger la mission qu'il avait reçue pendant la bonne fortune. M. Spadaro, père de huit enfants, dépensa plus de six mille piastres, et fut obligé de faire réparer sa maison et d'en changer le mobilier. Pareille chose arriva à ses confrères. M. Vuchino, agent à Syra, avait fait des dépenses considérables, et M. Manaraki, qui l'avait remplacé pendant une année environ, avait employé deux mille piastres pour se conformer aux instructions qu'on lui donnait; car si on ne payait pas les agents, on ne manquait pas du moins de confier à leur garde l'honneur du pavillon; on ne manquait pas surtout de les charger de commissions et de leur recommander une correspondance active. Et pourtant ils ne portaient pas bien haut le prix de leurs services; ils prétendaient qu'une somme de cinq mille francs répartie entre eux pourrait les indemniser de leurs dépenses; plusieurs désiraient des biens plus solides et demandaient que le gouvernement qu'ils servaient se chargeât de l'éducation d'un de leurs fils, comme il le faisait pour d'autres employés que l'on rétribuait largement, et qui n'avaient eu à courir aucun des dangers qu'ils avaient soufferts. Demandes inutiles; le comité philhellénique fut obligé de payer la dette du gouvernement et d'envoyer plusieurs de ces enfants à Paris.

Ce qui rendait la position des agents français plus pénible encore, c'était l'état heureux dans lequel se trouvaient ceux des autres puissances. Ceux-là du moins pouvaient vivre honorablement de leur emploi; les pavillons autrichien, russe et ionien parcouraient les mers, et les droits qui leur étaient imposés indemnisaient les agents chargés de les protéger, de leur prêter aide et secours. Voyageur dans ces pays, porteur de lettres de recommandations de l'ambassade, je fus, comme tous les Français, obligé d'entendre leurs plaintes sans pouvoir les blâmer; mais je pensais que mieux aurait été de supprimer les agences de toutes ces îles, que d'y employer des hommes que l'on ne payait que d'ingratitude.

L'île de Tinos a un aspect fort pittoresque ; les montagnes ne sont pas arides comme à Syra ; les maisons y sont mieux bâties et annoncent plus d'aisance et de bien-être. Je n'ai pas vu les villages, que l'on dit bien entretenus. La campagne est cultivée avec soin ; les habitants s'adonnent surtout à la culture de la vigne et fabriquent le meilleur vin connu sous le nom de Malvoisie ; on n'en récolte qu'une petite quantité, dont le goût est très agréable. On plante aussi des mûriers, mais en petit nombre. L'olivier et l'oranger ne réussissent pas très bien. La principale des montagnes est de ce marbre qui forme les chaînes de Myconi et de Naxos ; un terrain de calcaire secondaire le recouvre. L'île n'a pas un bon port, et c'est là sans doute la raison pour laquelle elle n'a pas acquis comme Syra une grande importance commerciale. Les habitants sont catholiques. Les Grecs s'y sont réfugiés pendant la révolution et y ont construit une belle église que l'on voit sur un monticule hors de la ville ; cet édifice est le plus beau du pays : lorsqu'on en jetait les fondements on trouva des débris de monuments et un dieu Terme avec une inscription grecque. Les femmes de Tino passent avec celles d'Andros pour les plus belles de l'Archipel ; les villageois de l'un et de l'autre sexe vont à Constantinople comme domestiques ; on les désignait là par le nom de *taouchans*, ou de lièvres, probablement parce qu'à l'approche des Turcs ils avaient l'habitude de s'enfuir dans les montagnes.

Les habitants de Tino avaient payé au docteur Gosse la somme qui lui était due et nous remîmes à la voile; nous allions rentrer à Syra lorsque la frégate l'Hellas donna ordre à la chaloupe de s'approcher. Je m'estimai heureux de cette occasion que j'avais de voir l'homme célèbre qui avait étonné les deux mondes par tant d'actes de bravoure et de témérité. Amiral de toutes les républiques naissantes, il avait offert à la Grèce son secours, et il avait cherché vainement de nouvelles occasions de se signaler encore.

Lord Cochrane était, quand nous montâmes à bord, dans son grand uniforme qui tenait un peu de celui des Français et de celui des Anglais. Cette mise paraissait assez inutile en la comparant à celle des hommes auxquels il commandait. Tous ces matelots des différentes îles étaient là en habits différents; tous avaient les pieds et les jambes nus, et il était aussi difficile de maintenir la discipline parmi eux, que de leur faire adopter un autre vêtement. On avait été obligé de tendre une corde au grand mât pour partager le bâtiment, et pour les empêcher de venir se promener à côté de l'amiral et de causer avec lui ; tous, avec la vivacité qui les caractérise, parlaient, riaient et fumaient, tandis que les officiers anglais gardant toujours le sang-froid national ne paraissaient autrement que comme des passagers. Les Grecs avaient à la vérité pour eux quelque respect, mais c'était ce respect banal qu'ils avaient l'habitude d'accorder à l'habit européen ; il n'était pas commandé par la réputation qu'avait méritée l'amiral, il ne l'était pas non plus par la conformité de goûts, d'intérêts et d'opinions. Ils étaient prêts à chaque instant à traiter leurs commandants d'égal à égal, et le général Church en avait eu une bonne preuve lorsqu'après la bataille d'Athènes les troupes habillèrent un âne en officier Anglais et lui firent des reproches comme s'il eût été leur chef.

Personne n'avait eu autant à se plaindre que lord Cochrane de la fourberie des Grecs, et de leurs mauvaises dispositions à le seconder ; en homme indépendant et qui voyait les choses autrement que d'après ses intérêts particuliers, il était loin cependant de ne pas leur rendre la justice qu'ils méritaient. De tous les Européens qui se trouvaient alors en Grèce, il est peut-être le seul qui ait dit qu'ils étaient naturellement bons, que les institutions seules les avaient corrompus, qu'ils étaient plus prompts à faire des menaces qu'à les exécuter. Il est vrai qu'alors ce n'était pas des Grecs mais bien des autorités européennes qu'il avait à se plaindre ; dès qu'il s'était présenté devant Chio pour aider à l'expédition du colonel Fabvier, des bâtiments de guerre lui avaient signifié qu'il eût à se retirer. Pareille injonction lui avait déjà été faite lorsqu'il voulait pénétrer dans le golfe de Lépante ; et cependant on ne trouvait pas mauvais que d'autres bâtiments grecs croisassent dans le canal de Chio et sur les côtes de la Morée. Ainsi l'on paralysait tous ses efforts. Nous le quittâmes après qu'il eut donné ses ordres aux bâtiments qui le suivaient, et pendant qu'il passait entre Andros et Négrepont nous nous dirigeâmes vers Syra.

Au grand regret du docteur Gosse, nous ne rencontrâmes aucun pirate; en sa qualité d'inspecteur des îles il aurait volontiers profité de sa navigation pour en purger l'Archipel; son ardeur pour arriver à ce résultat était telle, qu'ayant aperçu un bâtiment à l'horizon, il courut sus et ne cessa sa poursuite que lorsque nous l'eûmes perdu de vue. C'eût été sans doute un œuvre méritoire que de détruire la piraterie, et le docteur n'ignorait pas que l'on avait pour cet exploit décerné un triomphe à Pompée. Nous rentrâmes cependant dans le port sans en avoir mérité aucun.

Nous vîmes alors tous les bâtiments pavoisés; les cloches de toutes les églises sonnaient; on rendait grâces au Ciel pour la bataille de Navarin, et on célébrait une fête en l'honneur des amiraux. Mais cette joie, commandée par la politique, était loin des cœurs; les inquiétudes des Grecs étaient grandes sur le sort qu'on leur réservait; ils craignaient que tout accommodement avec la Porte ne devînt impossible; ils craignaient de ne plus voir cette terre fertile qui payait si largement leurs peines et leurs travaux ; quelques îles arides étaient loin de valoir le sol de l'Asie mineure, et c'était bien peu de chose que leur commerce si Constantinople leur était fermée.

CHAPITRE XVI.

DÉPART AVEC M. DUMONT POUR NAXOS. — HABITANTS DE L'ILE. — MONASTÈRE FRANÇAIS. — PROPRIÉTÉS ROYALES. — CANDIOTES. — EXCURSION DANS L'ILE. — PAYSANS GRECS. — L'ABBÉ CHERGRAUD. — MORT DU LIEUTENANT BISSON.

Les jours se succédaient sans que le vent du sud cessât de souffler et d'empêcher les bâtiments de venir de Constantinople et de Smyrne. Une foule considérable se portait chaque matin inutilement vers la pointe de l'île d'où l'on découvre le passage entre Tinos et Myconi; aucune voile ne paraissait à l'horizon; aucune nouvelle n'était apportée qui calmât les inquiétudes que l'on avait sur le sort des parents et des amis qui résidaient au milieu des Turcs. Quelquefois des fugitifs arrivaient sur de frêles embarcations; à la nouvelle de la bataille de Navarin, ils s'étaient hâtés de fuir les côtes de l'Asie, et leurs craintes ne tendaient qu'à augmenter la terreur générale. Sur ces entrefaites M. le docteur Dumont, philhellène français, voulut bien s'embarquer avec moi pour visiter les îles de l'Est; nous allâmes d'abord à Naxia sur une sacolève grecque et le consul nous offrit une chambre dans le couvent français qui s'y trouve.

L'île de Naxia est la plus grande des Cyclades; elle est aussi la plus fertile, celle qui offre la plus grande variété de climats et de productions. Les Croisés y avaient fait des expéditions, et plusieurs des habitants actuels prétendent leur devoir leur origine; puis elle avait été soumise à la domination vénitienne. Les Turcs s'en étaient emparés par capitulation, aussi jouissait-elle de priviléges assez étendus, et les traditions de l'ancien gouvernement s'y étaient-elles conservées malgré le temps et la domination étrangère. Il s'y trouvait une noblesse qui possédait autrefois presque la totalité de l'île; noblesse pauvre et orgueilleuse, restée étrangère aux innovations et à l'industrie qui faisait des progrès en Grèce comme en Europe, et gardant scrupuleusement les traditions de la féodalité. C'était un curieux spectacle que cette race d'hommes encroûtés dans les préjugés les plus étranges, et qui courbés sous le joug mahométan, obligés de recevoir les ordres de Constantinople, de payer comme les autres leurs tributs au captan-pacha, de s'en rapporter à sa décision dans toutes les contestations qui s'élevaient, méprisaient les Grecs, et croyaient être d'une autre nature qu'eux. Ils se donnaient réciproquement et avec une imperturbable gravité les titres les plus magnifiques, se disaient les parents des familles les plus illustres de l'Europe. Combien ils étaient dégénérés de leurs nobles aïeux ! Il fallait voir le mélange de vanité et de misère, de sot orgueil et d'ignorance qui les caractérisait. Ce n'étaient pas eux qui avaient aidé à la révolution grecque ; une trop vive inimitié les animait contre cette nation dont ils prétendaient ne pas faire partie ; cependant ils avaient consenti à laisser sous leur haute protection un certain nombre de Grecs travailler à leurs terres qu'ils négligeaient ; d'autres Grecs étaient venus ensuite s'établir dans l'île pour faire le commerce ; ils vivaient dans la ville basse, tandis que leurs nobles patrons habitaient le château, et les traitaient avec un souverain mépris. Mais actifs, laborieux et grands spéculateurs, ils avaient fini par acheter les meilleures propriétés des anciens maîtres, qui s'étaient vu peu à peu déposséder de leurs richesses. Puis la misère, fille de la paresse, avait atteint ces derniers, qui étaient heureux de vivre des charités que leur faisaient les lazaristes français établis dans la ville. A mon passage, quelques uns avaient encore des revenus suffisants pour exister, mais le plus grand nombre se trouvait dans un dénûment absolu.

Quelques uns, plus aventureux, s'étaient rendus à Constantinople, où l'on pouvait voir des ducs et des marquis faire des perruques ou vendre du vin. Mais aussitôt qu'ils revenaient dans leur pays natal, ils oubliaient ces occupations roturières et se hâtaient de reprendre les habitudes féodales. Retirés dans des maisons délabrées où ils avaient soin de faire graver leurs armes, ils s'adonnaient de nouveau à la mollesse et à de vaniteuses discussions sur leurs titres et leurs parchemins. Il semblait que toutes les infortunes qui frappent les races abâtardies se fussent appesanties sur eux. Au lieu d'hommes dispos et agiles, comme on en voit ordinairement dans ces pays, ils étaient hâves, frêles et contrefaits ; il est rare dans le Levant, où tous les esprits sont portés vers les choses positives, de rencontrer des individus atteints des maladies mentales ; aussi, en Grèce, n'en ai-je trouvé qu'à Naxia ; sur une population de cinq cents catholiques qui habitent le château, j'en ai compté une dizaine dont la monomanie était tournée vers la grandeur. L'un se disait prince de Milan ; un autre était frère de l'empereur de Russie. Il n'est pas à supposer que les femmes fussent exemptes de l'espèce de vertige qui s'était emparé des hommes. On appelait respectueusement *mademoiselle la comtesse* de petites filles au berceau, et ces qualifications ne les rendaient par la suite ni belles ni gracieuses.

Le monastère français est un vaste établissement fondé par les jésuites, et occupé aujourd'hui par les lazaristes ; il avait hérité d'une grande quantité de legs particuliers et avait été richement doté par Louis XIV, qui avait acquis une propriété royale que les religieux exploitent à leur profit. On évaluait à trente mille piastres environ les revenus de l'église. Cette somme servait à l'entretien du couvent et aux besoins d'une communauté de femmes ; les observations que l'on a faites sur l'état de la société en Europe, à l'époque de la renaissance des lettres, sont confirmées par ce que l'on voit encore aujourd'hui à Naxia. Tandis que les villages soumis à la domination des nobles, se trouvent dans un état peu prospère, ceux qui dépendent du couvent se montrent sous l'aspect le plus florissant : les villageois sont bien vêtus, leurs propriétés sont entretenues avec soin ; on y trouve une aisance et une activité vraiment remarquables.

Le couvent ne comptait que deux religieux, tous deux français et anciens militaires ; l'un se nommait l'abbé Chergraud; il avait embrassé l'état ecclésiastique après avoir servi dans la cavalerie ; l'autre était un ancien soldat des gardes Vallones. M. Dumont et moi ne saurions trop nous louer de l'hospitalité cordiale qu'ils nous accordèrent ; d'autres avaient eu à s'en louer avant nous, et ces religieux avaient surtout de grands droits à la reconnaissance des habitants pour les conseils et les secours qu'ils avaient donnés dans les circonstances critiques où l'île s'était trouvée.

Aussitôt que le gouvernement grec eut perdu de sa force et de son énergie, des bandes de leurs, non contentes de piller les villages de la Morée et de la Romélie, s'étaient organisées pour mettre les îles à contribution. Les Candiotes, qui avaient été obligés de s'enfuir après leur malheureuse tentative d'insurrection, s'étaient surtout signalés parmi eux; sous prétexte de demander l'hospitalité, ils s'étaient établis dans presque toutes les Cyclades orientales et dans les Sporades. Naxia ne devait pas être négligée; aussi y avaient-ils envoyé de nombreux détachements. Les habitants catholiques avaient fait résistance et s'étaient opposés à leur laisser l'entrée de leur château. Cependant les nouveaux venus s'étaient répandus dans la campagne et obligeaient les paysans à leur donner ce qui leur était nécessaire. La terreur qu'ils inspiraient était encore augmentée par la haine religieuse dont les Latins craignaient de devenir les victimes; elle l'était par les bravades et les mépris que les Grecs avaient eus à supporter de la noblesse naxiote. L'abbé Chergraud seul intervint entre les partis et fit adopter des mesures justes et raisonnables. Comme primat et le plus imposé de l'île, il reconnut que les contributions devaient être payées au gouvernement grec et que l'on devait des secours aux réfugiés quelles que fussent leur conduite et leurs exigences. Il fut l'auteur de la transaction entre les nationaux et les étrangers, et par là devint l'objet de l'estime de tous.

Cet ecclésiastique était loin de partager les préjugés religieux des Naxiotes, et de juger leurs ennemis avec une trop grande sévérité. Il avait pris part aux guerres de l'empire et savait ce que pouvaient faire des troupes introduites sur le territoire ennemi. Il ne pensait pas que les Candiotes se livrassent à autant d'excès qu'on aurait pu en attendre de ces hommes sauvages et indisciplinés; il m'assura que bien qu'on pût les taxer de vol et de brigandage, ils étaient loin de mériter toutes les accusations dont on les accablait. Il prétendait que le caractère exagérateur des Grecs se montrait dans leurs plaintes comme dans toutes les circonstances;

J'ai eu moi-même l'occasion de vérifier cette assertion ; j'ai reconnu que pendant cette longue anarchie qui a désolé la Grèce, on n'a pu reprocher à ses habitants aucune des guerres civiles, aucune des scènes sanglantes qui ont souillé les autres révolutions. S'ils étaient barbares envers les Turcs et les Européens, ils se bornaient entre eux à d'inutiles menaces, et le pillage leur était le plus souvent inspiré par la nécessité.

Cependant les étrangers s'étaient retirés de Naxia lorsque nous y arrivâmes ; la tranquillité la plus parfaite régnait dans l'île, dont le commandement était confié au colonel Urquarth, délégué par lord Cochrane. Une garnison destinée à la marine militaire était organisée par cet officier ; nous profitâmes de ces circonstances favorables pour faire à pied le tour de l'île. M. J. de Lastic, fils de l'agent consulaire français, voulut bien nous accompagner. Ce jeune homme appartenait à la noblesse de Naxia, mais n'en partageait pas les opinions ; son éducation avait été faite en France et en Allemagne, et il se proposait déjà d'offrir ses services à son pays. Nous nous dirigeâmes d'abord vers l'occident pour aller coucher à un couvent grec, distant de quatre lieues ; nous suivîmes d'abord une partie de la plaine située sous la ville, et nous marchions sur le granit ; le couvent où nous nous arrêtâmes n'était pas d'une ancienne construction ; il possédait en propriété une plaine assez aride qui l'entourait ; quatre ou cinq religieux l'habitaient, ivrognes et ignorants comme tous les moines grecs ; ils avaient un archevêque pour chef, et nous eûmes l'avantage de faire avec lui cette partie de notre route. Je vis dans ce couvent des campagnards qui y travaillaient la terre; ils avaient émigré de l'Asie-Mineure lorsqu'ils craignaient que les mahométans ne se vengeassent sur eux de la révolution. En hommes simples et en bons villageois ils me consultèrent pour savoir s'il serait prudent de retourner à leurs anciennes occupations. Ils me dirent qu'ils ne gagnaient que bien peu de chose dans cette île; qu'à peine pouvaient-ils se procurer vingt-cinq paras (5 sous environ) par jour, tandis qu'en Turquie, où toutes les choses nécessaires à la vie étaient à bien meilleur compte, il leur était aisé de gagner une piastre et demie, et encore les

Turcs étaient-ils des maîtres moins exigeants que les moines qu'ils servaient.

Je ne parlerais pas de ces plaintes si je ne les avais pas entendues bien des fois dans la bouche des paysans qui avaient habité la Turquie. Les habitants des îles agricoles avaient l'habitude de chercher fortune dans l'Asie-Mineure, et grand nombre finissait par s'y établir. L'administration des Turcs était pour les campagnards si peu inquiétante, comparée à celle des primats grecs, que dans le temps de Carasman-Oglou six mille familles étaient parties à la fois de la Morée pour s'établir dans ses possessions. Leurs enfants y sont restés et peuplent encore aujourd'hui les environs de Smyrne. Une autre chose tourmentait encore ces pauvres villageois ; habitués au régime turc, ils en avaient adopté les mœurs, et les réglements que faisait le gouvernement national étaient loin de leur plaire ; chaque jour de nouveaux impôts, de nouvelles exactions pour acheter la liberté ; liberté douce, en effet, pour les habitants des villes, douce pour ceux qui courent après la fortune et les honneurs, mais que l'on trouve bien plus grande sous le chaume, et qu'un paysan turc connaît mieux qu'aucun de ceux qui habitent l'Europe. Sans doute ils étaient soumis chaque jour à des humiliations ; sans doute ils pouvaient être obligés de fuir et de se cacher, mais le joug qu'ils portaient ne leur paraissait pas si pesant qu'ils ne le préférassent à la liberté de leurs montagnes ; ces témoignages de respect et de déférence qu'ils devaient aux Turcs, ils ne les voyaient pas des mêmes yeux que font les hommes libres de l'Europe ; ils ne s'en offensaient pas et s'y conformaient volontiers. Ce sera bien difficilement qu'ils s'habitueront à cette multitude de lois, de réglements, à ces mille entraves que traîne après elle la civilisation. Quand le gouvernement turc les frappait, c'était avec force et brutalité ; après, du moins, ils jouissaient du repos ; on ne peut douter que ce mode de gouvernement ne fût plus dans leurs mœurs que la chaîne inextricable qui les serrera de toutes parts. Des années s'écouleront sans qu'ils en apprécient les bénéfices, et lorsque dans le traité du 6 juillet on appuyait sur la faculté que l'on donnerait aux Grecs de l'intérieur de rejoindre leurs frères libérés, il eût été plus prudent de prendre des mesures pour empêcher ces derniers de rejoindre les esclaves. Telles étaient les dispositions des paysans qui habitaient l'île de l'Archipel la plus vaste, la plus féconde en produits divers. Ces malheureux ne savaient pourtant pas encore à combien de nouveaux impôts ils seraient soumis pour payer les intérêts et les capitaux des sommes dilapidées chez eux; pour indemniser des pertes causées par leur piraterie; pour solder une armée, une police, une administration européenne dont ils n'ont pas l'idée, et dont l'heureuse influence ne se fera sentir qu'après de longues années.

Du couvent grec, en suivant toujours la côte de la mer, nous parvînmes à une petite chapelle abandonnée, où nous passâmes la nuit. Nous avions fait six lieues environ. Cet endroit était désert, mais présentait un des plus beaux paysages que l'on puisse imaginer. Une belle fontaine coulait à côté de la chapelle; et quelques pierres bien taillées et symétriquement arrangées prouvaient que des mains habiles avaient passé par là; des noyers énormes et bien alignés ombrageaient ce réduit, qui était un lieu de pélerinage. Une image de la vierge, ornée de plaques d'argent, était suspendue au fond du sanctuaire : des forbans l'avaient un jour enlevée, mais après quelque temps on l'avait retrouvée à sa place, et on supposait qu'elle y était revenue seule. Sur le sommet d'une montagne voisine nous aperçûmes une tourelle abandonnée qui servait à renfermer du grain ; les portes étaient en fer, et on y entrait avec une échelle. Nous avions perdu notre guide et nous faisions retentir la vallée de nos cris, lorsque nous aperçûmes des paysans qui, cachés derrière des troncs d'arbre, observaient tous nos mouvements ; ils paraissaient craindre que nous ne fussions des pirates, mais enfin ils se rassurèrent et vinrent à nous. La nuit approchait, ils nous apportèrent quelques provisions, et quand ils voulurent se retirer ils usèrent d'un singulier expédient pour gravir les rochers au milieu desquels ils demeuraient. Chacun s'arma d'une énorme bûche embrasée et la fit tourner autour de sa tête. Cette lumière, brillant par intervalle dans l'obscurité, la solitude du lieu, le murmure de la fontaine près de ce sanctuaire isolé, la mer, dont les vagues agitées par le vent du nord se brisaient sur le rivage ;

le danger de rencontrer des forbans qui venaient souvent faire leurs offrandes à la madone, tout aurait fait naître de profondes méditations si nous n'eussions été si fatigués. Enveloppés dans nos manteaux nous couchâmes sur la pierre de la chapelle, dont nous eûmes grand soin de barricader la porte. Nous partîmes au point du jour et nous tournâmes à l'est en franchissant une chaîne de montagnes d'un beau marbre blanc qui s'avancent dans la mer et forment un cap vers le nord ; sur le revers oriental nous trouvâmes un immense bloc que l'on avait dégrossi et dont on voulait faire une statue. La tête, que nous mesurâmes, est de sept pieds de hauteur. Cette masse énorme est décrite dans Tournefort. Au sommet d'une autre chaîne à l'est on voit d'anciennes murailles où l'on parvient en montant une côte rapide. Ces murailles sont faites avec des pierres superposées et sans ciment. Je n'ai pas trouvé de vestiges de maison ; je suis par conséquent porté à croire que c'était un lieu de retraite, un camp retranché assez spacieux pour contenir une grande partie des habitants avec leurs troupeaux. Cette montagne est calcaire ; nous en suivîmes la crête ; puis, descendant dans un ravin profond, nous vînmes près d'un moulin ; là nous eûmes à gravir pendant une heure des escaliers pratiqués dans une roche schisteuse. Nous parvînmes alors seulement à un misérable village situé au milieu des précipices. Nous y passâmes la nuit, et le jour suivant j'allai visiter les mines d'éméril. Ces mines se trouvent interposées entre des couches de calcaire primitif ; la transition n'est pas brusque mais progressive. Les couches de calcaire sont inclinées de quarante degrés vers le nord; leur épaisseur, dans le lieu où se trouve l'éméril, est de deux pieds; elle est de dix à quinze au sommet de la montagne. Il y a deux filons d'éméril qui remplacent deux couches calcaires. Auprès de quelques maisons qui se trouvent autour des mines j'ai vu du grès, mais je ne saurais en assigner la place. En tout cas, il n'appartient pas à la montagne où se trouve l'éméril, car pour mieux observer je suis monté de son pied à son sommet. En nous élevant ainsi, nous évitâmes de suivre les sinuosités de la route, mais nous passâmes par des chemins affreux où nous étions obligés de nous suspendre aux branches des pins pour ne pas tomber dans des précipices.

Nous parvînmes enfin au village où le consul de France avait sa maison de campagne. Nous y passâmes un jour pour nous reposer de nos fatigues, puis nous vînmes à Calamitzia, où se trouvent les propriétés du couvent et la maison royale achetée par Louis XIV. Nous avions de cette manière tourné le mont Jupiter, qui domine l'île entière, mais nous négligeâmes de visiter une immense grotte qu'il renferme. Pour venir à Calamitzia, nous étions descendus des montagnes par un chemin abrupte; la campagne présentait les productions du midi, le citronnier, l'olivier et l'oranger; mais rien dans ce charmant paysage ne pouvait être comparé à Calamitzia; cette solide architecture, que les jésuites employaient dans toutes leurs constructions, faisait un singulier contraste avec les sombres donjons des anciens seigneurs; et ces vastes bassins, ces aquéducs, étaient d'immenses travaux quand on les comparait aux petites digues établies par les habitants. Enfin après neuf jours de courses nous rentrâmes à Naxia.

L'Ile de Naxia est fertile en toutes sortes de productions; au sud sont celles du midi; au milieu de l'île on cultive avec succès tous les arbres fruitiers, et on fabrique cet excellent vin qui avait fait dédier l'île à Bacchus. Vers le nord enfin on élève des bestiaux et on récolte des grains. La partie la plus fertile de l'île est située autour de la ville; un tiers seulement est cultivé, deux autres tiers sont à peine connus. Cette dernière partie se trouve à l'est.

Rentrés à Naxia nous songeâmes à quitter l'île et à nous diriger vers Santorin; nous étions prêts à partir lorsque l'abbé Chergraud vint de Stampalia. Il était allé ensevelir le malheureux Bisson et les Français qui avaient péri avec lui. A côté d'eux il avait enterré tous les forbans qui les avaient attaqués, et dont les cadavres gisaient sur le rivage. Le docteur Gosse lui avait fourni les moyens de s'acquitter de ce pieux devoir; il l'avait pour cela conduit sur sa chaloupe, dans laquelle on plaça ensuite les malheureux Français qui avaient échappé à la mort. Deux d'entre eux s'étaient enfuis dans les montagnes, et, confondant les forbans avec les habitants de l'île, ils s'enfuyaient dès que ceux-ci les appelaient. On était obligé de déposer les vivres qu'on leur apportait et de s'éloigner ensuite pour qu'ils vinssent les prendre. Ils accoururent à la voix de l'abbé Chergraud qui les soigna, et les rendit au commandant de leur frégate, qui ne parut que trop tard pour les réclamer. Quelques jours encore nous fûmes contrariés par les vents, mais enfin nous pûmes prendre prendre congé de nos hôtes et du consul, qui nous avait comblés de politesses; nous retînmes notre passage sur une bombarde grecque qui mettait à la voile pour Santorin, et nous abandonnâmes Naxos.

CHAPITRE XVII.

DÉPART POUR SANTORIN. — FORMATION VOLCANIQUE DE CETTE ILE. — ILOTS SORTIS DE LA MER. — LÈPRE. — OPINION DES HABITANTS SUR CETTE MALADIE. — INDUSTRIE ET COMMERCE DE SANTORIN.

Le bâtiment qui nous portait n'avait qu'un seul mât, et le capitaine revenait dans son pays pour hiverner; il y apportait du blé qu'il avait chargé en Russie et une certaine quantité d'oranges provenant de Naxos. Il avait en outre des passagers de tous les pays. Notre voyage fut prompt et heureux malgré les ouragans qui à cette époque s'élèvent presque instantanément dans l'Archipel; nous étions à la fin de décembre. Des lames courtes et rapides se heurtaient de toutes parts, et nous vîmes plusieurs trombes de mer, qui, fort heureusement, passèrent près de nous sans nous atteindre; nos marins avaient pour s'en préserver un merveilleux secret. Dès qu'ils en apercevaient l'un d'entre eux s'armait de son couteau, proférait, en gesticulant, des paroles cabalistiques, puis l'enfonçait dans le tillac. Ils prétendaient que ce moyen était infaillible pour dissiper la trombe. Mais tous les marins n'étaient pas également aptes à réussir; il fallait avoir été initié dans le mystère par quelqu'un bien connu pour le posséder. Celui qui s'acquittait de ces fonctions à notre bord était seul dans ce cas et recevait une haute paie pour les services qu'il rendait pendant l'orage. Il était persuadé lui-même qu'il possédait cette singulière propriété et remplissait son devoir avec beaucoup de sang-froid et de confiance. Nous longeâmes la côte de Naxia en suivant le canal qui la sépare de Paros, puis nous vîmes passer entre Nio et Sikino; le lendemain nous entrâmes dans le port de Santorin. Aussitôt après être débarqués nous montâmes la la côte rapide au-dessus de laquelle la ville est située, et nous nous rendîmes chez M. Albi, doyen des agents consulaires de France dans les îles.

L'île de Santorin est sans contredit la plus prospère de l'Archipel, et l'on ne citerait aucun lieu de l'Europe où l'on cultive la vigne avec plus de soin et de succès; les maisons sont belles, vastes et bien distribuées. Les habitants suivent pour la plupart le rite grec, mais les catholiques, loin de vivre dans l'indolence, s'adonnent comme les autres au commerce, à l'agriculture et à la navigation; les deux sectes vivent dans une parfaite intelligence. Cet accord heureux avait soustrait les habitants à l'invasion des étrangers, des forbans et des capitaines de Klephtès. C'était en commun qu'ils avaient reconnu le gouvernement grec, auquel ils payaient leurs impositions et les produits de la douane. C'était en commun qu'ils avaient organisé une espèce de garde nationale chargée de maintenir l'ordre dans le pays et de le protéger contre toute agression, surtout contre celle des Candiotes, que la proximité portait à débarquer chez eux. L'île était facile à défendre contre un coup de main; en effet, il n'y avait qu'un port placé presque perpendiculairement au-dessous de la ville et à une profondeur considérable. La côte était si rapide qu'une seule pierre que l'on aurait fait rouler de son sommet aurait entraîné une telle quantité de rochers que la route serait demeurée impraticable. Chaque maison ressemblait à une citadelle, car on avait eu la précaution de les construire en murs solides, d'y placer des portes et des fenêtres épaisses, et de les remplir de vivres, d'armes et de munitions.

Les phénomènes volcaniques que l'on a vus à Santorin en font un des points les plus importants pour ceux qui s'occupent de géologie. Les lettres des missionnaires contiennent dans un grand détail l'histoire de Santorin et des îles qui dans ses environs s'élevèrent du sein de la mer; je ne pourrais que copier ce qu'ils ont écrit à ce sujet. Je me bornerai donc à décrire ce que j'ai observé dans les courses que nous fîmes dans différentes parties de l'île, et à donner l'opinion que je crois la plus probable sur cette singulière formation.

Nous partîmes de la ville avec M. Albi, et nous nous dirigeâmes vers le sud-est pour voir la montagne Saint Stéphano et les ruines de la ville antique d'Éleusis, qui se trouvent à son extrémité est. Nous suivîmes d'abord le plateau incliné qui forme la partie occidentale de l'île, jusqu'à ce que nous fûmes arrivés au pied de la montagne, où l'on voit une petite chapelle; près de Santorin nous marchions sur le basalte, nous trouvâmes plus loin de la pumite le recouvrait; le pied de la montagne nous offrit le calcaire primitif qui forme la plus grande partie de l'Archipel; au-dessus était de la pumite; mais, parvenus au sommet, nous ne vîmes plus de traces de terrain volcanique; nous ne trouvâmes que le calcaire avec lequel on avait construit les monuments d'Éleusis. On a découvert dans ces ruines des traces de murs, de forteresses, des portiques, des statues, des colonnes et des autels qui rendaient des oracles fameux dans toute la Grèce. M. Albi possède plusieurs statues provenant de fouilles qu'il y a pratiquées. Celles que j'ai vues portent le costume romain et sont des portraits, d'après l'opinion de M. Fauvel. On doit par conséquent les rapporter à l'époque où l'île érigeait des monuments à l'honneur des empereurs, comme le prouvent ses monnaies et plusieurs inscriptions. L'une d'elles était sur un édifice que l'on avait placé sous la protection des empereurs Nerva et Trajan, et sous celle du peuple romain. On ne voit plus que les fondements des maisons et quelques colonnes. Toutes les pierres que l'on avait employées à la construction sont bien taillées et de quatre à cinq pieds de longueur. La partie sud de l'île que nous découvrîmes de ce sommet était une plaine rase, et les minéraux qu'on nous présenta comme la formant n'étaient pas volcaniques, mais calcaires; nous ne pûmes y aller. Nous remarquâmes encore dans le plateau nord de Santorin quelques collines calcaires qui s'élevaient abruptes vers l'ouest et légèrement inclinées à l'est; du côté abrupt le calcaire paraissait à nu; vers l'ouest, au contraire, il était recouvert par la pumite. Nous dûmes conclure de cette quantité de pumite qui se trouvait sur toutes les roches indistinctement, qu'elle provenait d'une éruption volcanique qui s'était répandue sur l'île entière, excepté sur la pointe du sud, et qu'entraînée ensuite par les pluies elle avait laissé à nu la roche solide et avait été refoulée vers la partie inférieure des montagnes; cette éruption, la dernière dont l'histoire nous transmette le souvenir, se rapporte à l'époque de 1707.

Voilà le résumé des observations que nous fîmes en nous rendant de ce côté. Quelques jours après nous louâmes un bateau pour visiter les îles sorties de la mer, que l'on nomme *grande* et *petite brûlée*. Nous nous dirigeâmes d'abord vers un point rougeâtre que nous apercevions de Santorin, près de la petite brûlée; il semblait qu'il y eût dans cette partie de la mer un courant constant de vapeurs sulfureuses qui s'exhalaient des roches placées à fleur d'eau. Ce courant se montrait d'une couleur plus intense par le vent du sud. Lorsque nous arrivâmes nous ne pûmes reconnaître une espèce d'ébullition de l'eau de la mer comme on nous l'avait annoncé ; nous ne remarquâmes pas non plus que sa température fût plus élevée dans cet endroit qu'ailleurs. Mais nous observâmes le changement de couleur et nous reconnûmes l'existence d'un courant qui se dirigeait vers la ville. Nous étions alors près de la petite brulée, sur le sommet de laquelle nous nous élevâmes. Pour y arriver nous n'eûmes à passer que sur de la pumite, ce qui rendait la marche plus pénible encore que si nous eussions marché sur du sable. Au sommet nous vîmes du basalte passant à l'obsidienne. Nous étions évidemment sur un cratère éteint. D'énormes rochers basaltiques obstruaient l'entrée d'une immense caverne; nous descendîmes cependant jusqu'à une certaine distance, d'où nous jetâmes quelques pierres pour nous assurer de la profondeur; arrêtées par les masses irrégulières qu'elles rencontraient, elles ne pouvaient parvenir jusqu'au fond. Je remarquai en outre que la pumite se trouvait en plus grande abondance du côté qui regarde la ville. Celui qui est opposé ne présentait que du basalte. Je m'expliquai alors pourquoi la pointe méridionale de Santorin n'en était pas couverte. Je supposai que les vents du sud régnaient pendant l'éruption, et je dus faire coïncider ce phénomène avec celui du courant qui a une plus grande activité lorsque les mêmes vents dominent.

En suivant plus au sud, nous traversâmes la mer qui sépare la petite de la grande brûlée; la distance n'est que de quelques pas. Cette grande brûlée n'était pas couverte de pumite; j'y vis avec plaisir les mêmes roches sur lesquelles Santorin est bâtie, du basalte, de la phonolite, de l'obsidienne, des scories, mais toutes pêle-mêle et sans ordre, tandis qu'à Santorin elles sont superposées avec symétrie. Cette île ne montrait à son sommet qu'une vaste échancrure, sans cratère distinct comme celui de la petite brûlée. C'est probablement à celle-là que se rapporte le passage de Pline (liv. IV , chap. XII).

Pline est d'accord avec Pausanias pour citer près de Santorin d'autres îles qui auraient eu la même origine volcanique ; ce sont, l'île Blanche, qui est assez rapprochée, et, à six lieues vers le sud-ouest, les îles des Chrétiens, que l'on appelait autrefois Lagusa, mais qui ont retenu leur dernier nom parce qu'elles servirent de retraite pendant la persécution. On y voit encore une chapelle fort ancienne dédiée à sainte Irène, que les navigateurs considèrent comme la patrone du pays ; c'est même à cette cause que l'on attribue le changement du nom de Thera, que l'île portait autrefois, contre celui de Santorin qu'elle a aujourd'hui.

Il paraît que plusieurs ilots formés par les volcans dans les environs de Santorin ont successivement disparu ; Brietius rapporte que dans l'année 47 après J.-C. il s'en était élevé un près de Thera, et aujourd'hui on n'en trouve plus de traces ; en 550 un autre se montra entre Nios et Amorgos, et il n'existe pas davantage.

De tout ce que j'ai avancé, on peut conclure qu'il y a au sud-ouest de Santorin un volcan sous-marin, qui de loin en loin est en ignition ; que dans une des éruptions les matières volcaniques s'élevèrent de Thera et se répandirent dans la partie nord-est de l'île ; qu'elles couvrirent le sol primitif, qui est calcaire ; que la coulée n'eut pas lieu en une seule fois, mais pendant assez de temps pour que plusieurs couches de basalte, d'obsidienne et de phonolite vinssent successivement se superposer comme on le voit dans la partie abrupte de l'île ; que la petite brûlée vomit une grande quantité de pumite, mais peu de basalte et d'obsidienne ; que son éruption eut lieu dans la direction du nord-est, comme la première ; que le volcan a formé d'autres îles encore, dont quelques unes sont debout, tandis que d'autres ont été renversées par les flots de la mer, qu'elles ne dominaient pas assez. Si l'on voulait chercher le cratère principal, on ne douterait pas qu'il ne se fût trouvé à la grande brûlée; on remarquerait en effet que les couches bien distinctes qui se trouvent dans la partie abrupte de Santorin paraissent toutes venir d'un centre commun partant, de la grande brûlée. Mais en considérant la direction de ces couches, il faudrait conclure encore que la grande brûlée était d'une élévation plus considérable que de nos jours ; ce phénomène serait en rapport avec ce que j'ai dit sur les îles qui ont disparu ; il le serait avec ce que l'on voit encore aujourd'hui à Santorin. Non seulement d'énormes rochers se détachent chaque jour des flancs des montagnes, pour tomber dans une mer sans fond ; non seulement les habitants ont été contraints d'abandonner la ville primitive, que l'on voit aujourd'hui couronner un rocher inaccessible et isolé au milieu des flots ; non seulement ils doivent quitter les maisons, que le temps place chaque jour plus près du précipice, mais encore les magasins qu'ils avaient construits au bas de la côte et sur le bord du rivage se trouvent aujourd'hui dans la mer et servent à abriter leurs bateaux. Ainsi le terrain de Santorin s'affaisse, et il est probable que la partie nord de l'île aurait disparu si elle ne s'appuyait sur le calcaire secondaire, comme je l'ai montré plus haut.

Désireux de voir si les observations que

nous avions faites se trouveraient confirmées, nous parcourûmes l'île dans d'autres sens ; nous nous rendîmes la première fois au pied du mont Saint-Élie, situé vers le sud, et nous entrâmes dans un village grec ; celui-là était bâti sur un monticule de pumite ; plus au sud s'étendait la plaine basse que nous avions déjà vue du mont Saint-Stéphano. La montagne de Saint-Élie était formée de calcaire ; au sommet se trouvait un monastère grec. Le village où nous entrâmes était bien bâti, mais ne pouvait être comparé à la ville séjour des catholiques. M. Albi prétendait que ces derniers avaient plus d'activité et d'industrie que les Grecs, et qu'ils ne ressemblaient en aucune façon à leurs coréligionnaires des autres îles. Les primats grecs de Santorin étaient partisans de la domination turque ; ils conservaient le costume oriental que la Porte leur avait accordé.

En revenant à la ville nous vîmes sur le chemin des individus isolés et habitant de misérables huttes ; c'étaient des lépreux que l'on avait chassés de leurs villages, mais auxquels on accordait des secours. Ce que l'on nomme *lèpre* en Grèce est une maladie cutanée qui atteint des personnes de tout âge et de tout sexe. Elle se manifeste par des tumeurs indolentes qui croissent sur différentes parties du corps, mais plus particulièrement aux bras, aux jambes et à la figure. Avec le temps elles prennent une couleur noirâtre, et j'ai vu un homme qu'elles avaient rendu affreux. Ces tumeurs sont arrondies, et leur grosseur n'est pas plus considérable que celle d'une noix. On ne connaît aucun remède qui puisse les guérir. J'ai vu un jour le docteur Bailly en exciser une, et il la trouva formée d'une substance lardacée, immédiatement placée au-dessous du chorion. Les habitants supposent que cette maladie est contagieuse, et ils ne sauraient trop éloigner les personnes qui en sont affectées. Si ce sont des marins on les chasse des bâtiments; si ce sont des villageois on les met dans des lieux séparés, et on les empêche d'entrer dans les villes, dans les villages et surtout dans les églises. Une femme, à Santorin, qui était lépreuse, fut aperçue venant à la dérobée dans son ancien domicile; on mura sa retraite, et on lui apportait ses provisions à une heure fixe; cette malheureuse resta plusieurs années dans un isolement complet. J'ai cherché à m'assurer si cette affection était contagieuse ; rien ne m'a paru le prouver, aussi je ne le crois pas. Ce qui le fait supposer aux habitants c'est leur propension à regarder nombre de maladies comme contagieuses. Ils donnent ce caractère à la phthisie, aux fièvres bilieuses et cérébrales. Ceux qui en souffrent sont dans une position vraiment fâcheuse ; à peine consent-on à les recevoir dans les maisons, et si malheureusement ils périssent, personne n'oserait entrer dans leur appartement sans l'avoir fait purifier, sans en avoir changé l'ameublement.

Nous restâmes assez long-temps à Santorin pour avoir quelque idée de la société ; aucune île ne s'est moins sentie de la domination turque. Les églises sont nombreuses et bien ornées ; il s'y trouve une quantité d'écoles où les enfants apprennent à lire et à écrire ; il y a un couvent français desservi par des Lazaristes qui veillent à l'éducation des enfants ; malheureusement ces ecclésiastiques ne supposent pas devoir s'occuper seulement d'affaires religieuses. Il m'a semblé qu'ils aimaient trop à s'immiscer dans les intérêts des particuliers ; ils ne craignaient pas d'affecter de vaniteuses prétentions et de s'ingérer dans la politique du pays; aussi obligeaient-ils souvent les consuls à de fâcheuses contestations. Si je voulais prouver combien leur esprit est inquiet et remuant, il suffirait de dire que plusieurs avaient cherché à se mettre sous la protection de l'empereur d'Autriche et à abandonner celle de la France, qui depuis tant d'années les soutient dans le Levant et leur accorde une subvention à laquelle ils n'ont aucun droit. On comptait à Santorin plusieurs personnes instruites, entre autres l'oncle de M. Albi, ecclésiastique qui avait été proposé plusieurs fois pour un évêché. La plupart des chefs spirituels étaient nés dans l'île et se distinguaient par une grande érudition. Presque tous les enfants parlaient l'italien, et nombre d'entre eux le français.

Les femmes santorinistes portent un costume particulier fort élégant; il se compose d'une robe serrée à la taille, longue et garnie de fourrures; d'une coiffure semblable à celle que l'on porte dans toute la Grèce; c'est une calotte rouge ou blanche, autour de laquelle elles mettent un mouchoir blanc ou un cachemire, dans les plis duquel sort enlacés de longs cheveux tressés en nattes. Elles ont des chemises de soie écrue, des colliers de perles et des ceintures avec des agrafes d'or ou d'argent. Je ne sais si c'est à la vivacité de l'air ou à la qualité de l'eau qu'il faut attribuer la chute précoce de leurs dents. Il n'en est presque point qui les conservent toutes passé vingt ans. Je parle de la qualité de l'eau parce qu'il n'y a d'eau courante à Santorin que dans le ravin qui sépare le mont Saint Élie du mont Saint Stéphano; on ne saurait s'en servir attendu qu'elle est trop peu abondante et trop éloignée. On n'emploie donc que de l'eau de pluie, que l'on recueille dans de vastes citernes pratiquées dans chaque maison et fabriquées avec un tiers de chaux et deux tiers de pouzzolane. On la conserve de cette manière fraîche et d'une grande limpidité.

Santorin est un exemple de ce que peut l'industrie de l'homme. Cette île ne produit que du vin, et aucune autre de l'archipel ne présente aussi abondamment les choses nécessaires à la vie; aucune n'est aussi avancée en civilisation; aucune ne ressemble davantage à l'Europe. Les habitants ont plus de cinquante bâtiments, qu'ils chargent en partie du vin que l'île produit et qu'ils envoient le plus souvent à Taganrog. Ils se sont si bien impatronisés dans cette ville qu'ils ont fini par y établir une espèce de foire et par maîtriser tous les marchés. Ils s'y rendent à des époques régulières, une fois ou deux chaque année, et en rapportent du blé et une quantité d'objets de luxe qu'ils répandent dans l'Archipel. Ils viennent passer l'hiver dans leur pays et placent leurs bâtiments dans des crevasses de rochers. Comme la mer n'a pas de fond à deux pas du rivage, ils les y amarrent avec des cordes. Ils ne se mettent en voyage qu'au printemps. L'île ne produit pas de fourrage; ils font venir de Nio, de Naxos, le fourrage et le bétail. Les réunions publiques, les bibliothèques particulières n'existent nulle part en Grèce, si ce n'est à Santorin; en un mot ce lieu est le seul où l'on apprécie les douceurs de la vie. Lorsque je m'y trouvais, qui se serait douté que quelques propriétaires de vignes, voyant les Dardanelles se fermer à leurs vaisseaux, suivraient immédiatement une autre route, et ne craindraient pas de se commettre sur la Baltique et l'Océan? tel était pourtant leur projet: ne pouvant se défaire de leurs produits dans la Russie méridionale, ils allaient les envoyer à Pétersbourg et en Amérique. Mais, en bons spéculateurs, ils ne voulaient pas arborer le pavillon russe, qui couvrait tous leurs bâtiments; ils pensaient que la bannière nationale flottant aux extrémités de la terre attirerait bien davantage l'attention publique et aiderait à leurs projets.

Lorsque je considère l'état prospère de ce pays, lorsque je le compare à tant d'autres parties de l'Europe qu'il surpasse en civilisation, je ne puis concevoir que l'on ait mis en question s'il ferait ou non partie de la nouvelle Grèce. Il serait tout aussi raisonnable de faire rentrer Santorin sous la domination du Grand-Seigneur, que de lui offrir une des meilleures provinces de la 1.. ou de l'Angleterre. Nous quittâmes l'île sans faire aucune de ces réflexions pénibles dont on ne saurait se défendre dans d'autres parties de la Grèce ou de la Turquie, pleins d'estime pour les habitants et de reconnaissance pour l'accueil qu'ils nous avaient fait.

CHAPITRE XVIII.

DÉPART POUR SYRA. — CORSAIRES GRECS. — ARRIVÉE A NIO. ANTIQUITÉS. — MORT DU LIEUTENANT BISSON. — ANTIPAROS. — PAROS. — ARRIVÉE A SYRA.

Ce fut au commencement du mois de février 1828 que nous partîmes de Santorin. A cette époque les orages sont fréquents dans l'Archipel; aussi les marins regagnent leur pays et ne sortent que lorsqu'il est indispensable de se mettre en mer; les corsaires n'osent plus se tenir en croisière, et les forbans craignent que leurs légères embarcations ne deviennent la proie des flots. C'étaient sans doute ces raisons qui avaient présidé à la formation de la société que nous trouvâmes réunie sur la petite sacolève qui devait nous transporter à Syra. Le capitaine était un ancien pirate; un individu qui allait à Égine pour prendre à ferme les contributions d'Amorgo, sa patrie, venait avec nous; d'autres passagers étaient à part, silencieux, et portant le costume candiote, tandis que deux hommes au regard sévère se plaignaient hautement des habitants de Santorin, qui avaient brûlé une barque qui leur appartenait et que l'on soupçonnait de servir à la piraterie.

Le capitaine commença à charmer les loisirs de la navigation en nous racontant les dangers qu'il avait courus pendant sa périlleuse carrière. Il était âgé et conservait dans toute leur force ses vieilles opinions chrétiennes. On peut en juger par ce fait qu'il nous raconta de la guerre maritime contre les Turcs. « J'étais, disait-il, capitaine d'un navire armé en guerre, lorsque nous capturâmes un bâtiment qui portait des femmes turques. Elles étaient jeunes, belles et affligées. Mes jeunes gens voulaient les consoler, et, si je ne me fusse trouvé là, peut-être ne les auraient-ils pas respectées ; heureusement j'eus assez d'empire sur eux pour les retenir ; je leur fis observer que si nous n'étions pas arrêtés par la présence de nos compatriotes, Dieu nous voyait, qu'il ferait éclater sa vengeance sur ceux qui ne craindraient pas de se souiller par un commerce avec des femmes infidèles; aussi nos prisonnières ne furent point maltraitées; nous les vendîmes et fîmes un heureux voyage. Si Dieu n'est pas aujourd'hui pour notre sainte cause, c'est parce qu'il connaît toutes nos iniquités. » Je pris plusieurs informations relatives à ce discours et je puis assurer que les principes du vieux marin étaient avant la révolution ceux de la plupart des Grecs. En général ils regardaient les Turcs comme infidèles et impurs. Les Turcs leur rendaient bien la pareille, mais avec cette différence qu'ils le leur disaient tout haut et qu'ils ne portaient pas si loin le scrupule avec leurs femmes.

Ne voulant pas nous commettre pendant la nuit au milieu de la mer, nous entrâmes dans le port de Nio, et de bon matin nous courûmes avec M. Dumont visiter la ville, qui en est à une demi-heure de distance. Cette ville était assez misérable; bâtie sur le penchant de la colline, elle dominait le port et une campagne fertile. Le terrain était calcaire à couches inclinées de 30° environ. C'étaient le climat et les productions de Naxia; le bétail s'y trouvait en quantité et servait à la consommation des îles voisines, qui ne pouvaient en entretenir à cause de leur stérilité. Le port est beau, sûr et spacieux; l'entrée en est facile, et, s'il ne se trouvait pas hors des routes ordinaires du commerce, il procurerait de grands avantages au pays. C'était là que se retiraient nombre de forbans que les marines militaires n'inquiétaient jamais, bien qu'il fût aisé de les surprendre.

Quelques jours auparavant ces forbans avaient eu la visite de leur plus redoutable ennemi, le docteur Gosse, qui s'était présenté avec sa chaloupe canonnière. Il était arrivé pendant la nuit; lorsque la chaloupe jetait l'ancre, des cris affreux se faisaient entendre, et des coups de fusil retentissaient de tous côtés. Les nouveaux venus pensèrent que l'île était au pillage; ils placèrent leur chaloupe à distance et sommèrent les étrangers de s'embarquer et de partir, sous peine d'être coulés à fond. Cette menace, aidée de quelques coups de bâton appliqués à propos par M. Reika, philhellène russe, les obligea à la retraite. Puis l'esprit exagérateur des Grecs, exploitant cet événement, on annonça dans toute la Grèce que l'île de Nio avait été saccagée par les forbans, qui à leur tour avaient été noyés par le docteur Gosse. Nous nous enquîmes à notre arrivée de cette terrible affaire, et nous découvrîmes que ce pillage n'était autre chose qu'un poulet dérobé à une vieille femme, et que la bataille qui s'en était suivie consistait en quelques injures entre les villageois et les marins.

Nous demandâmes à Nio s'il ne serait pas possible d'acheter quelques antiquités, et l'on nous conduisit chez un habitant qui en possédait bon nombre. C'étaient des camées et des pierres gravées de la plus grande beauté; malheureusement nous ne pûmes nous entendre sur le prix. Cet homme nous montra en outre de petites statues en terre cuite qu'il avait extraites de tombeaux situés près de la ville. Ces statues ressemblaient à celles que l'on découvre encore à Délos, mais elles ne portaient pas comme plusieurs de ces dernières des hiéroglyphes égyptiens; elles représentaient des figures humaines habillées d'une longue robe qui serrait leurs bras autour du corps; les pieds étaient l'un contre l'autre sur un piédestal; la tête était couverte d'un voile tombant sur la poitrine; on ne voyait que la figure, dont le nez était très proéminent. Toutes étaient d'ailleurs d'un travail fort grossier, de différentes grandeurs, mais dépassant rarement un pied-de-roi.

De toutes les îles de l'Archipel celles qui se trouvent auprès de Nio ont été le moins explorées, et c'est là sans doute que l'archéologie a le plus de découvertes à faire. Pendant que j'étais à Santorin un homme vint m'offrir deux têtes de statues qu'il avait trouvées à Amorgo; l'une était fort belle, de demi grandeur, et représentait un vieillard portant une barbe et la tête ceinte de laurier. Il était du plus beau marbre de Paros; l'autre était d'un dessin moins correct et représentait un enfant. On avait également trouvé à Nymphia plusieurs statues de grandeur naturelle, et M. Albi en possédait dans son cabinet. Un marin me dit qu'ayant relâché à Sikino, il avait vu une statue nue couchée sur le rivage, mais qu'il n'avait pas cru utile de l'enlever. Rien n'eût été plus aisé sous la domination turque que de recueillir nombre d'antiquités; il aurait suffi d'employer à cette opération l'un des bâtiments de guerre qui, pour former la station du Levant, n'ont à faire autre chose que de s'établir dans le port de Smyrne. On n'y a songé que lorsqu'il n'était plus possible de rien enlever, puisque le gouvernement grec avait défendu l'exportation de tous les objets d'art et d'antiquité.

Nous ne restâmes que deux heures à Nio, et par conséquent nous ne pûmes prendre d'amples informations sur cette île, qui est peu peuplée quoique très fertile. Il n'y a que deux villages, celui où nous étions et un autre au nord-ouest, qui a un petit port, servant de refuge aux embarcations surprises par des vents contraires. Notre capitaine nous dit l'avoir visitée à une époque remarquable. Un énorme cachalot s'était échoué tout auprès. Les habitants le mesurèrent et ils s'assurèrent qu'il avait exactement cinquante-cinq pieds de longueur; ils en firent de l'huile. Je fis nombre de questions au narrateur pour m'assurer qu'il disait la vérité, et ses réponses finirent par me convaincre. Ainsi donc l'opinion que ces énormes cétacées n'existent pas dans la Méditerranée ne serait pas entièrement vraie.

Lorsque nous nous remîmes en route, nous avions commencé à faire connaissance avec nos silencieux compagnons de la veille. Leur costume ne nous avait pas trompés; ils étaient Candiotes, et quelques-uns avaient pris part à l'attaque de l'infortuné lieutenant Bisson. Ils nous dirent qu'ils habitaient le rocher de Krábuza, près de la côte de Candie; que s'étant établis pauvres et sans ressources, ils se livrèrent d'abord à la piraterie. « Dieu nous a secondés, disaient-ils; maintenant nous sommes à notre aise; ceux de nos compatriotes qui se sont établis dans d'autres parties de la Grèce ont également réussi; non seulement nous avons réparé nos anciennes pertes, mais notre situation est meilleure que par le passé; nous pouvons aujourd'hui vivre tranquilles et nous allons d'un commun accord renoncer à la course. » Ceux qui avaient attaqué Bisson racontèrent quelques circonstances sur sa mort; ils nous dirent qu'il avait été abordé par trois embarcations; deux étaient montées par des Candiotes, la troisième par des Sphakiotes. Les pirates avaient tenu un assez long conseil de guerre avant de prendre leur résolution, et ils prétendaient que cet officier n'avait pas montré beaucoup de prudence en restant dans le port. Voici ce qu'ils dirent à ce sujet. Bisson commandait une prise et suivait la frégate la Magicienne; parvenu à la hauteur de Stampalia il ne put tenir le vent et entra dans le port. Il avait fait long-temps des signaux, qui ne retardèrent pas la marche de la frégate. Mais à peine était-il entré que trois des pirates qu'il avait à son bord se précipitèrent dans la mer et gagnèrent le rivage en nageant. Vers le soir le vent était un peu tombé, et il eût été possible de sortir; on le proposa au commandant, en lui faisant observer que les bâtiments grecs qui se trouvaient près de lui paraissaient appartenir à des forbans; mais il refusa, craignant de ne plus trouver la frégate, qu'il espérait à chaque instant voir arriver. Pendant la nuit les pirates s'approchèrent et demandèrent des vivres; Bisson prévint qu'il mettrait le feu aux poudres si l'on montait à son bord; le premier qui vint à l'abordage fut renversé par lui d'un coup de poignard, mais il ne put faire résistance contre un nombre considérable d'hommes qui s'élancèrent de toutes parts. Ce fut alors qu'il exécuta la résolution héroïque qu'il avait prise. Il s'écria que les Français eussent à se précipiter dans la mer; ceux qui restaient obéirent; puis il donna la main au pilote, dont les jambes furent fracassées, l'explosion ayant eu lieu pendant qu'il se trouvait encore sur le bastingage. Quatre-vingt-douze forbans périrent, et leurs corps restèrent sur le rivage jusqu'à ce que l'abbé Chergraud vint les ensevelir. Avides de pillage plus que de combats, ils s'étaient glissés dans la cale pour éviter le feu des Français placés à la poupe. Aucun n'échappa à la mort que ceux qui n'étaient pas encore montés à l'abordage. Ils ne s'attendaient guère à cet acte de courage et de résolution, tant il était éloigné de leurs idées. Ceux que nous avions à bord considéraient Bisson comme un fou plutôt que comme un héros. « Que pouvions-nous lui faire? disaient-ils; nous aurions pillé son bâtiment; notre intention n'était pas de le tuer : pourquoi donc a-t-il choisi tout d'abord ce qui pouvait lui advenir de plus fâcheux? » Quand nous disions que tels étaient les sentimens des militaires qu'ils préféraient la mort au déshonneur, ils ne pouvaient nous comprendre et pensaient que notre cerveau était en aussi mauvais état que celui de Bisson.

Pendant ces conversations nous abordâmes à la partie est d'Antiparos; l'horizon du côté de l'ouest était chargé de nuages épais et rougeâtres, signe certain d'un vent contraire. Nous jetâmes l'ancre pour passer la nuit. Le lendemain nous allâmes visiter la célèbre grotte de cette île, mais nous ne pûmes pénétrer au fond, parce que nous n'avions pas les échelles et les guides indispensables. Nous vîmes seulement son immense ouverture : elle était située à deux lieues environ dans l'intérieur de l'île, et on ne passait pour y arriver que sur du marbre. Celui dans lequel était la grotte ne me parut pas d'un grain aussi fin et aussi blanc que du côté de l'île qui regarde Paros. Il était en larges assises de vingt-cinq degrés d'inclinaison. Nous revînmes par le même chemin que nous avions pris en allant; l'île nous parut mal cultivée et fort déserte; de loin en loin étaient quelques habitations abandonnées; sur le penchant de la colline des bergers faisaient paître des troupeaux de chèvres.

Antiparos n'avait pas paru aux Candiotes un lieu assez avantageux pour y fixer leur séjour, mais les pirates des autres parties de l'Archipel n'en avaient pas jugé ainsi. Ils y abondaient et s'élançaient de là vers Syra, lieu obligé de passage des bâtiments marchands. La multitude des petites îles et des petits ports qui sont aux environs offrait une retraite assurée. On citait grand nombre d'habitants qui s'étaient enrichis de cette manière, et plusieurs étaient accusés d'actes de cruauté, qui resteront sans doute impunis. L'un d'eux avait acheté une grande partie de l'île avec le produit de ses brigandages.

Comme le temps empêchait toujours que nous ne missions à la voile, nous résolûmes de faire une excursion à Paros. Nous passâmes donc le détroit, et nous arrivâmes bientôt dans cette île fameuse par la beauté du marbre que l'on y trouve. Nous eûmes à traverser à pied la plus grande partie du pays, qui était fort bien cultivé. Le terrain était calcaire, et partout où il se montrait à découvert les roches nous éblouissaient par leur éclatante blancheur. C'était avec ce marbre qu'étaient faites toutes les constructions, tous les murs qui entouraient les propriétés des particuliers. Nous ne vîmes aucun monument ancien qu'une espèce de *tumulus* soutenu par deux colonnes, où nous nous réfugiâmes pour éviter un orage. Le soir nous parvînmes à Parkia, capitale de l'île, et nous passâmes la nuit dans la maison de l'agent français. Parkia est assez bien bâtie ; on peut y remarquer une ou deux églises d'une architecture élégante. Quelques rues sont ornées de colonnes. Le port est bon et spacieux, mais les gros bâtiments préfèrent celui de Naussa, qui est peu distant. Comme les bâtiments de guerre se rendaient ordinairement à ce dernier port, les pirates ne craignaient pas d'entrer dans celui de Parkia. Le lendemain de bonne heure nous vînmes à Naussa, où nous aperçûmes deux vaisseaux dans le port; l'un appartenait à la marine royale de Sardaigne, l'autre était ragusais. Ce fut ce jour que s'éleva la plus furieuse tempête que j'aie jamais vue. Le port est vaste et sûr; il est abrité par un îlot vers le nord-ouest, et c'est derrière lequel que les vaisseaux vont jeter l'ancre. Le vent du nord soufflait avec une telle violence que les vagues jetées contre l'îlot s'élevaient à une hauteur prodigieuse et passaient du côté opposé. Bientôt le navire marchand chassa sur les trois ancres qu'il avait jetées à la mer; il fut obligé de couper ses mâts dans le port même ; en vain il agitait son pavillon et demandait du secours; il était impossible de lui en porter, et la corvette sarde ne put mettre un seul canot à la mer. Ainsi il allait, poussé par les flots, se jeter sur un rocher placé au fond du port, lorsqu'une de ses ancres prit fond et l'arrêta. Le lendemain, la mer s'étant calmée, nous nous rendîmes à son bord. Il est impossible de décrire quel désordre y régnait. Les mâts et les haubans étaient coupés, les bastingages enlevés, les fenêtres du capitaine étaient brisées et avaient donné passage à la mer, qui remplissait la cale. L'équipage, composé de trente hommes, n'était pas encore revenu de son effroi. Le capitaine seul fumait tranquillement avec son second, et riait du danger qu'il avait couru. Ce marin était l'un des plus intrépides que j'aie vus. Aussitôt qu'il avait appris que la marine grecque bloquait plusieurs places occupées par les Turcs, il avait pris une vigoureuse détermination. Il avait armé son navire de huit bonnes pièces de canon ; il avait doublé le nombre de ses matelots et leur avait assuré une haute paie. Ainsi préparé au combat, il se rendait à Constantinople, et, passant sans crainte au milieu des croisières grecques, il allait ravitailler les places turques. Jamais on n'avait osé l'attaquer, et ses capitaux s'étaient augmentés dans une énorme proportion. Il se proposait de retourner dans sa patrie pour jouir du fruit de ses travaux, lorsque la tempête le surprit et l'obligea d'entrer à Naussa, où il venait de manquer périr. Ce ne fut pas seulement à Naussa que l'on ressentit les effets de la tempête dont je parle. Nombre de petites embarcations furent perdues dans l'Archipel. La digue que l'on avait élevée à Syra pour abriter les bâtiments fut rompue; des vaisseaux furent endommagés dans les ports de Smyrne et d'Alexandrie.

Le temps affreux qu'il fit constamment pendant notre séjour à Paros ne nous permit pas de visiter les anciennes carrières de marbre; nous pûmes à peine parcourir la ville et admirer l'abondance de ses fontaines et la beauté du marbre qui entre dans la construction des maisons et dans le pavé des rues; nous nous hâtâmes de retourner à Parkia, où nous louâmes un bateau. Nous arrivâmes à Antiparos au milieu de la nuit, et, prompts à profiter d'un vent favorable qui s'élevait, nous fîmes lever nos anciens compagnons de voyage, que nous trouvâmes endormis, et nous partîmes immédiatement pour Syra.

CHAPITRE XIX.

DÉPART DES AMBASSADEURS DE CONSTANTINOPLE. — PERSÉCUTION DES CATHOLIQUES. — ARRIVÉE EN GRÈCE DU COMTE CAPO-D'ISTRIAS. — DÉPART POUR SMYRNE. — RELACHE A CHIO. — EXPÉDITION CONTRE CETTE ILE. — DÉPART POUR SMYRNE. — MITYLÈNE.

Les événements politiques s'étaient succédé pendant notre absence; les ambassadeurs des puissances médiatrices, voyant que malgré leurs pressantes sollicitations, malgré le désastre de Navarin, la Porte gardait toujours le silence sur le traité du 6 juillet, prirent enfin la résolution de partir. Ils placèrent leurs nationaux sous la protection Hollandaise, et se dirigèrent vers l'Archipel. Les chrétiens, craignant que la Porte ne les rendît victimes d'une démarche qui l'offensait, se hâtèrent de représenter qu'ils étaient loin d'approuver les actes des ambassadeurs et de réclamer l'appui des puissances européennes. Se fondant sur l'opinion reçue, que les peuples ne sont divisés que par la religion, ils dirent que les catholiques étaient coréligionnaires des Français, et le divan se hâta de les éloigner de la capitale. Ce fut un triste spectacle que des familles entières dont on envahit les maisons pour y placer des troupes, que l'on força à s'embarquer au milieu de l'hiver, à gagner l'Asie, que la plupart ne connaissaient pas. Hommes, femmes, enfants, tous durent subir cet exil; ils jouissaient des douceurs de la vie, ils durent connaître ses misères. Entassés dans de frêles embarcations, plusieurs périrent dans la mer; d'autres moururent de froid et de faim avant d'avoir atteint le séjour qu'on leur avait indiqué. Quant à cette quantité de métis qui fourmillent à Constantinople, et qui ne sont d'aucun pays, bien qu'ils aient la protection des puissances européennes, on les chassa de la ville, mais on leur permit de gagner l'Archipel. Nous vîmes entrer à Syra nombre de bâtiments remplis de prêtres, de femmes, d'enfants, qui venaient s'y réfugier. Mais connaissant bien l'incurie du gouvernement ture, plusieurs ne craignaient pas de repartir pour la capitale à la première occasion.

Cependant les ambassadeurs ne reconnaissaient pas encore le gouvernement grec, et on pouvait déjà remarquer combien la mort de M. Canning avait relâché le lien qui unissait les cours médiatrices. Des discussions s'étaient élevées à Smyrne entre la légation française et celle d'Angleterre. Les Anglais voulaient le départ des agents consulaires, tandis que les Français désiraient qu'ils restassent, et ces derniers furent obligés d'adopter l'inutile mesure anglaise pour conserver une apparence de bonne harmonie. Sur ces entrefaites, l'ambassadeur russe, oubliant ses confrères, parcourait l'Archipel et faisait reconnaître un consul général près du gouvernement grec. Tous paraissaient convaincus de l'inutilité de leurs démarches ultérieures, et ils se séparèrent. En vain les cours alliées voulurent de nouveau les réunir à Corfou; le général Guilleminot seul se rendit à son poste, le représentant russe alla jouir du repos en Italie, et M. Stratfort-Canning prit le chemin de l'Angleterre.

Mais pendant que les gouvernements de

l'Europe recueillaient ainsi les fruits de leur imprévoyance, pendant qu'ils échouaient dans leurs vues de pacification, pendant que leur commerce était détruit, la Grèce commençait à s'organiser. Le comte Capo-d'Istrias était entré à Égine en qualité de président de la république; trois bâtiments de guerre l'accompagnaient et faisaient respecter son autorité. Tous les ordres du nouveau président furent exécutés; les vols, les brigandages, la piraterie cessèrent comme par enchantement, et ces Klepthès, ces Palicares, ces capitaines autrefois si redoutables à leurs compatriotes, ne tournèrent plus leurs armes que contre l'ennemi. Ce peuple de voleurs et de pirates fut remplacé par de paisibles agriculteurs et d'industrieux négociants; on vit renaître l'hospitalité, la douceur, la bonté, toutes ces vertus primitives des Grecs que la tourmente révolutionnaire avait détruites. Quand on considère que ces heureux changements tenaient moins à l'habileté bien connue du comte Capo-d'Istrias qu'à l'appui que lui prêtaient les bâtiments de guerre et les quelques mille francs qu'on lui avait promis, il est bien permis de gémir sur la conduite des gouvernements, qui pendant sept longues années ont souffert de si grands désordres dans des pays si faciles à pacifier.

L'ordre était facile à maintenir à l'intérieur, car tous en avaient un égal besoin; mais il n'était pas aisé de se défendre des intrigues des partis, il ne l'était pas non plus de concilier les besoins de la Grèce avec les vues des différents cabinets. Chacun se présentait au président avec ses plans, ses vues d'organisation, ses prétentions. Le choix de chacun de ses agents était contrôlé. Tantôt on prétendait qu'il était dévoué au parti russe, tantôt aux Anglais, tantôt aux Français. Il sut être ce qu'il fallait, rester Grec et marcher d'un pas ferme et déterminé vers ce qu'il croyait l'avantage de son pays. Les gouvernements européens, toujours irrésolus, toujours attachés à leur absurde traité, ne pouvaient lui présenter que peu d'obstacles; ainsi il organisa des troupes, qu'il confia au prince D. Ipsilanti; il donna le commandement des places fortes de la Grèce à des officiers qui s'étaient distingués, et sur la loyauté desquels il pouvait compter. M. Reika fut nommé commandant de la forteresse de Nauplie, dont

M. de Heydek était gouverneur ; on confia Krabouza au colonel Urquarth. Des commissions furent établies pour répartir l'impôt, pour connaître les ressources du pays, l'état des places fortes et le matériel qu'elles contenaient. Une meilleure marche fut imprimée à l'administration ; on régularisa la justice et toutes les branches du service public. De grands encouragements furent donnés à l'agriculture et à l'éducation publique. Les finances n'étaient que la propriété d'un particulier, dont on contrôlait si peu la conduite qu'un ministre ayant été nommé trouva dans les coffres de l'état vingt-sept piastres, et les renvoya à son prédécesseur, qu'il supposa les avoir oubliées ; le président organisa cette partie de manière à ce que les sommes ne pussent être détournées. Enfin, il sut employer sans acception de parti, les hommes qui l'entouraient, et chacun d'après ses talents et ses services. Sa conduite ne fut pas sans doute de nature à lui attirer l'amitié des intrigants qui avaient successivement exploité tous les étrangers venus au secours de la Grèce, mais elle dut lui mériter l'estime générale et la confiance du peuple confié à ses soins.

Toutes ces améliorations n'avaient pas encore eu lieu lorsque nous débarquâmes à Syra; j'ai dû cependant les indiquer dans un moment où je termine ce que j'aurai à dire sur la Grèce que je me proposais d'abandonner pour rentrer à Smyrne.

Je pris passage sur un bâtiment ionien avec plusieurs individus que l'on avait renvoyés de Constantinople, et qui, loin de renoncer à cette capitale, voulaient y retourner par Smyrne. La traversée fut heureuse jusqu'à la hauteur de Chio. Cette ville était alors bloquée par le colonel Fabvier, et comme nous passions à portée de canon, les Turcs, sans s'inquiéter de notre pavillon neutre, ne manquèrent pas de tirer sur nous; heureusement ils ne nous atteignirent pas. Vers le soir il s'éleva une brise du nord, qui nous obligea de relâcher dans le petit port situé à l'extrémité septentrionale de l'île. Nous y vîmes plusieurs des bâtiments grecs appartenant à la croisière que commandait l'amiral Sactouri. Canaris y était aussi avec son brûlot. Je m'empressai de lui faire visite, et je fus assez heureux pour trouver à son bord plusieurs philhellènes français qui quittaient le siége et voulaient retourner à Syra. L'attaque de Chio par les Grecs étant l'opération qu'ils ont le mieux combinée, qu'ils ont suivie avec le plus de persévérance, il n'est pas inutile d'en parler.

Le colonel Fabvier était parti de Syra et avait opéré son débarquement près des moulins situés à une lieue environ de la ville. Les Turcs dès qu'ils l'avaient aperçu s'étaient mis en défense; mais, le colonel se précipitant dans la mer à la tête de ses troupes régulières, tous s'étaient enfuis dans la forteresse. Les Grecs avaient occupé la ville, et, se livrant à leurs rapines accoutumées, les troupes irrégulières avaient pillé les maisons qui restaient encore debout; les églises n'avaient pas non plus été épargnées. A peine avait-on terminé le débarquement que des bâtiments de guerre français et anglais se présentèrent pour sommer les Grecs d'évacuer l'île. Ils rencontrèrent lord Cochrane dans le canal, et l'obligèrent de se retirer; mais le colonel Fabvier répondit qu'en sa qualité de général grec, il n'avait d'ordre à recevoir que de son gouvernement; que si on voulait qu'il partît il fallait l'y contraindre par la force; qu'ainsi il attendrait que l'on tirât sur ses troupes. Comme on agissait toujours avec la même indécision, on se borna à de vaines menaces; le siége fut continué et les bâtiments de guerre partirent après cette inutile sommation.

Les chefs civils de l'expédition composant l'épitropie se tenaient à bord d'un bâtiment et délivraient les vivres et la solde sur un reçu du colonel; ils devaient exploiter l'île à leur profit, et ils avaient déjà enlevé une grande quantité de mastic déposé dans les magasins. Après s'être emparé de la ville on établit une batterie sur la montagne de Tourlouti et une autre près du rivage. Chaque jour on bombardait les Turcs renfermés dans la forteresse. De grandes barques armées parcouraient le canal pour empêcher l'arrivée des secours. Mais on connaissait peu la ténacité des Turcs; leurs maisons s'écroulaient sans qu'il leur vînt la pensée de se rendre. Nombre d'entre eux étaient blessés ou malades et leur courage n'était pas abattu. Quand un vent impétueux empêchait la croisière de rester en place, de légères embarcations partaient pendant la nuit de Tchesmé, et sans craindre la tempête portaient des vivres et des renforts à la garnison. Un jour les assiégés firent une sortie ; les troupes irrégulières se débandèrent, et le colonel Fabvier fut obligé de reprendre à la tête de son corps régulier la forteresse de Tourlouti, dont ils s'étaient emparés ; puis, comme ces Turcs, battus par les troupes grecques, voulaient rentrer dans le château, le pacha, craignant que l'ennemi ne s'introduisît en même temps, leur fit fermer les portes, et huit cents d'entre eux furent massacrés.

Il était impossible de faire meilleure garde que les combattants des deux partis. Sans cesse ils avaient leur fusil armé et ils tiraient avec une justesse étonnante contre tous ceux qui se montraient à découvert. Cependant on travaillait avec activité au siége et à la défense; on pratiquait des mines, et les palissades élevées par les troupes grecques étaient déjà assez près de la ville pour qu'on pût se faire aisément entendre; parfois il y avait comme une suspension d'armes entre les combattants, et alors ils se disaient des injures. Ils ne mettaient pas d'ailleurs une grande discrétion dans leurs projets d'attaque. Les Albanais qui devaient opérer la sortie dont j'ai parlé avaient communiqué leur dessein à ceux de leurs compatriotes qui se trouvaient dans le camp grec, et ils s'étaient promis réciproquement de s'épargner. Cela n'empêcha pas que tout ce qui se trouva hors de la ville ne fût impitoyablement égorgé. Les Grecs décapitèrent tous ceux qu'ils purent saisir ; puis mettant une orange dans la bouche de ces têtes sans tronc, ils les présentaient aux assiégés et les raillaient sur le sort de leurs compagnons qui étaient venus, disaient-ils, manger des oranges. Ils n'en usaient pas avec plus d'humanité à l'égard de leurs prisonniers ; il en vint une quinzaine à Syra pendant que je m'y trouvais; on les avait renfermés dans la cale d'un bâtiment ; le gouvernement local prétendit qu'ils appartenaient au colonel Fabvier, et qu'il devait les nourrir. Pendant les discussions, ces malheureux restèrent quarante-huit heures sans manger. L'un d'eux, apercevant le pavillon français, voulut fuir de ce côté et se jeta à la mer ; il fut tué à coups d'aviron par les matelots grecs qui l'aperçurent. Telle était la haine, que si un Turc était prisonnier d'un Grec, un autre Grec pouvait le mettre à mort sans que le propriétaire osât se plaindre. De pauvres femmes qui avaient servi aux plaisirs des vainqueurs ont été égorgées après plusieurs années de captivité.

Cependant le siége traînait en longueur; les sommes destinées à l'expédition s'épuisaient, et bientôt il y eut moins de régularité dans le service. Des discussions s'élevèrent entre le chef militaire et l'épitropie; plusieurs bâtiments qui ne recevaient plus de solde abandonnèrent le blocus. Les troupes irrégulières voulurent se soustraire à l'autorité du colonel Fabvier; toutes ces contrariétés, tous ces obstacles irritèrent le caractère naturellement impétueux du colonel, et la plupart des philhellènes qui l'accompagnaient voulurent à leur tour se retirer. C'était la raison pour laquelle je les trouvai à bord du brûlot de Canaris. Ce marin célèbre conservait seul un sang-froid et une gaîté inaltérables; à voir une figure si douce, un extérieur si simple, une innocence si parfaite, qui aurait pensé qu'il eût eu jamais l'inconcevable audace d'incendier successivement trois vaisseaux de l'amiral ennemi ? Il nous parla lui-même de ses exploits, qu'il rapportait à Dieu, et comme il exprimait son opinion sur Tahir-Pacha, qui commandait l'escadre turque à Navarin, il lui donna des éloges, disant qu'il était bon homme de mer, car il avait plusieurs fois cherché à l'atteindre avec son brûlot et toujours inutilement. Il nous parlait de ce nouveau danger, qu'il voulait courir, comme d'une action toute simple, toute naturelle.

Les combats qu'on livrait à Chio n'empêchaient pas les relations amicales avec Smyrne. L'épitropie envoyait chaque semaine un petit bâtiment chargé d'apporter de cette ville les vivres et les rafraîchissements nécessaires aux assiégeants. Si l'on désirait faire quelque communication à l'amiral de Rigny, rien n'était plus aisé; on envoyait sur une embarcation un officier grec, qui allait le chercher dans le port turc. C'était ainsi que M. Molière, aide-de-camp du colonel Fabvier, avait été expédié. Je ne fus pas étonné par conséquent de voir que le commerce d'oranges et de citrons n'avait rien perdu de son activité. On les chargeait dans le petit port où nous nous étions arrêtés, pour les transporter ensuite à Constantinople. On employait à cet usage des bâtiments préparés exprès. On faisait dans la cale, que l'on tenait ouverte, un grand nombre de séparations avec des branches d'osier, et on plaçait les fruits de manière à ce qu'ils ne fussent pas privés d'air. La spéculation était d'autant plus avantageuse que le trajet était moins long, parce qu'alors moins de citrons se trouvaient gâtés. On calculait toutefois que lorsqu'on n'en perdait que la moitié on avait assez bien réussi.

Notre capitaine ionien et plusieurs passagers profitèrent de la circonstance pour se livrer à ce commerce et mettre en circulation de fausses pièces de monnaie. Le Grand-Seigneur, adoptant le système décimal, les avait fait frapper quelque temps après la bataille de Navarin et avait mis au nombre de ses titres celui de *victorieux*. Quatre jours après qu'on les eut mises en circulation, on en avait fabriqué de fausses à Syra, et mes compagnons de voyage s'en étaient munis.

Nous emportions pour près d'un million de piastres, achetées pour peu d'argent. On espérait les placer à Smyrne, où l'on ne pouvait être déjà instruit de la contrefaçon. Ce fut avec cette honnête intention que nous reprîmes notre route; toutefois, trouvant le vent debout après avoir doublé la pointe de Cara-Bournou, il nous fallut virer de bord et nous diriger vers l'île de Mitylène; près d'entrer dans le port Olivier, le vent changea encore et nous rebroussâmes chemin. Pendant trois jours nous fûmes ainsi le jouet des vents, mais enfin nous entrâmes à Mitylène.

Le port Olivier est un des plus beaux et des plus spacieux de l'Archipel. Malheureusement l'entrée est fort étroite, et lorsqu'on est obligé de s'y réfugier il n'est pas aisé d'en sortir. Cette considération n'avait pas empêché quelques jours auparavant l'amiral Miaulis, qui commandait la frégate l'Hellas après le départ de lord Cochrane, de s'y introduire. Aussitôt les Turcs s'étaient réunis, et lui avaient fait, disaient-ils, *manger de la poudre*. L'amiral leur avait tiré quelques bordées de canon qui les avaient mis en fuite, et supposant une attaque pareille à celle de Chio, ils s'étaient de toutes les parties de l'île réfugiés dans la citadelle. Pour prévenir de pareils accidents, les bons Turcs avaient jugé convenable d'établir des garde-côtes. Nous trouvâmes donc en entrant un vieux homme qui fumait devant un petit café, et qui nous héla pour demander qui nous étions. On prit à peine soin de lui répondre, ce qui ne nous empêcha pas de débarquer tranquillement et de nous rendre à un village situé à deux lieues dans l'intérieur.

Mitylène est fameuse par la quantité d'huile qu'elle produit et par l'extrême fertilité du sol. Cela n'empêche pas que sa population ne soit peu considérable. Les Grecs s'y trouvent en grande majorité, et c'est pour cette raison que les Turcs ne les maltraitent pas autant qu'ailleurs. Pour nous rendre au village nous traversâmes une plaine magnifique couverte d'oliviers d'une grosseur remarquable; puis sortant du bas pays, nous commençâmes à gravir la montagne et nous trouvâmes les autres productions; la vigne d'abord et ensuite les céréales, mais en petite quantité. Les arbres fruitiers sont abondants et les propriétés sont divisées et entourées de murs. Le vin y est meilleur que dans les îles circonvoisines. Le village où nous vînmes était bien situé, et les habitants paraissaient assez à leur aise. Je trouvai l'aga, qui se tenait dans le bazar et qui, pour répondre à la politesse que je lui fis en lui offrant une pipe de tabac, m'invita à un *icram* (fête). J'acceptai, et mon hôte se levant alla droit à la boutique du boulanger, du boucher, du marchand de vin; il s'empara sans payer de ce qu'il jugeait m'être agréable, et fut bientôt à même de m'offrir un festin complet. Je me rendis chez lui à l'heure convenue, et là je ne vis plus un Turc, mais un homme qui avait été long-temps marin et avait commandé une frégate; il connaissait le monde et ne tenait pas à ses préjugés de musulman; aussi but-il une prodigieuse quantité de vin, et se servit-il convenablement du couteau et de la fourchette. Il joignait quelques connaissances au bon sens qui caractérise ses compatriotes, et parlait des événements politiques avec une rare sagacité. « Savez-vous ce que vous voulez, vous autres Européens, disait-il, avec vos bavardages et vos courses continuelles? Vous vous êtes battus à Navarin, vous avez tué et perdu du monde, et qu'en est-il résulté? rien ; donnez-moi une bonne frégate montée par vos matelots et non par les nôtres; avant dix jours j'aurai fait entendre raison au sultan Mahmoud, notre seigneur. Que gagnez-vous par tant de délais et d'incertitudes? vous ruinez votre commerce, vous ruinez le nôtre; cette île, qui est si productive, ne peut vendre une barrique d'huile; il en est de même ailleurs. Un brave homme peut-il se livrer au commerce dans ce moment? non sans doute; vous ne faites donc que la fortune des pirates et des aventuriers. Ne parlez pas tant, agissez et terminez promptement cet état de choses. »

J'abandonnai ce joyeux convive, mais en m'accompagnant il me força d'accepter un poulet qu'il trouva sous sa main et dont il se saisit sans cérémonie, bien qu'il ne lui appartînt pas. J'évitai encore d'autres générosités qu'il voulait me faire de la même façon, et je rejoignis une troupe de Grecs qui nous suivaient vers le port. Aussitôt qu'ils furent débarrassés des Turcs, ils demandèrent des nouvelles de la Grèce et partirent satisfaits de l'arrivée de Capo d'Istrias. Tous disaient: nous sommes prêts à nous soulever. Que tarde-t-on à venir? on a délivré Chio, pourquoi ne songe-t-on pas à nous? Tels étaient leurs vœux et leurs sentiments. Pour nous, continuant notre route, nous profitâmes du temps qui nous était devenu favorable, et nous abordâmes à Smyrne huit jours après notre départ de Syra.

CHAPITRE XX.

HATTI-SCHÉRIFF DU GRAND-SEIGNEUR. — MANIFESTE RUSSE.
— PRÉTENTIONS DE LA RUSSIE. — RÉPONSE DU DIVAN.
IRRÉSOLUTIONS DES AUTRES PUISSANCES. — POSITION DE
CHACUNE D'ELLES.

Les inquiétudes qu'avait causées aux habitants du Levant l'intervention des ambassadeurs, s'étaient encore accrues par leur départ; chaque jour une rupture avec la Porte paraissait plus imminente. On ne pouvait espérer que les négociateurs, obtinssent absents ce qu'on leur avait refusé pendant qu'ils étaient encore à Constantinople. Aussi jugeait-on d'avance que les démarches de l'ambassadeur des Pays-Bas resteraient infructueuses. Le désir de terminer par une conciliation dominait toujours dans les actes des gouvernements, mais le sentiment de leur dignité les empêchait de s'exposer à de nouveaux refus. La

Porte, malgré son insouciance ordinaire, eut l'honneur de faire cesser toutes les incertitudes. Le Grand-Seigneur adressa à ses sujets un hatti-schériff dans lequel il exposait sa situation et ses plaintes. On ne doit pas ignorer qu'une pièce de cette nature, lorsqu'elle concerne des Européens, est rarement rédigée par les Turcs. Ce sont les francs de Constantinople, les drogmans de Péra, les ambassades même, qui leur fournissent les documents nécessaires; et elle s'adresse plus spécialement aux Européens qu'aux mahométans. Ce ne sont, en un mot, que des notes commandées par les différentes puissances dans les bureaux même du reis-effendi qui leur donne le cachet et la forme turque. Cette fois pourtant, le divan, plus franc, plus précis dans ses expressions que ne le sont les cabinets des peuples civilisés, dit hautement cette vérité, que l'on ne veut jamais admettre en Europe : *que les mahométans sont les ennemis naturels des chrétiens, comme à leur tour les chrétiens sont les ennemis des mahométans.* On se plaignait avec raison du peu de franchise du cabinet russe, qui venait de faire à Akermann un traité dont les conditions avaient été strictement suivies, et qui, quelques jours après, envoyait pour ambassadeur, chargé de nouvelles réclamations, le même plénipotentiaire qui venait de signer la paix avec ceux du divan. Le Grand-Seigneur ajoutait qu'il n'avait transigé avec la Russie que pour n'être pas détourné de l'organisation intérieure à laquelle il travaillait, mais qu'il était disposé à rompre, dès que l'occasion deviendrait favorable. Il y avait de la vérité dans ces allégations, mais ce n'était pas le moment des plaintes et des menaces; et si le peu d'énergie des gouvernements européens était de nature à exciter l'audace de la Porte, elle ne devait pas ignorer que, malgré sa feinte modération, le cabinet russe ne demandait autre chose qu'un prétexte de rupture. Aussi s'empressa-t-il de tirer parti du hatti-schériff pour publier une déclaration de guerre. Dans le manifeste de l'empereur Nicolas on peut remarquer trois griefs principaux ; l'embargo mis sur les bâtiments russes venus à Constantinople; la non exécution du traité d'Akermann ; la vente des esclaves sur la côte orientale de la Mer-Noire. Ces motifs, exposés avec un art et une perfidie remarquables, parurent légitimes aux différentes cours, et aucune ne mit obstacle aux projets de l'empereur. Les Turcs, dont les griefs étaient bien plus fondés que ceux de la Russie, passèrent pour les agresseurs, et l'opinion peu éclairée de l'Europe fit des vœux pour les aigles moscovites. On poussa l'indulgence jusqu'à ne pas remarquer dans le manifeste russe un reproche qui en dénote la mauvaise foi. Lors du traité de Bucharest la Turquie devait rentrer en possession de plusieurs places de la Mer-Noire, et les Russes les avaient gardées ; on faisait un grief à la Porte d'en avoir demandé la restitution. Il en était de même pour les autres articles. La Porte était menacée d'une guerre ; sans déclaration préalable on incendiait ses vaisseaux dans un port turc, les ambassadeurs des puissances européennes se retiraient, et on lui faisait un crime de veiller à l'approvisionnement de sa capitale menacée ; d'acheter au taux de la place les blés qui se trouvaient dans le port ; on lui parlait d'insultes au pavillon moscovite, comme si les Russes pouvaient citer sur toute l'étendue des mers du Levant un seul bâtiment marchand construit chez eux, monté par des matelots russes ; comme s'il n'était pas à la connaissance de tous que ces prétendus bâtiments russes ne sont autres que des Grecs, des Ioniens, des Ragusais, qui pour cinquante francs achètent leur pavillon dans les ports de la Mer-Noire. J'ai déjà parlé de cette touchante philantropie qui s'oppose au commerce des esclaves de la Mer-Noire, comme si un homme ne devait être vendu qu'en Russie; comme s'il lui fallait pour jouir de ce droit être né sujet russe! Que le gouvernement russe dise donc ce qu'il fait des prisonniers qu'il enlève dans les guerres contre les peuples du Caucase. Les considère-t-il comme esclaves ou bien les égorge-t-il? n'ai-je pas vu moi-même des femmes et des enfants de la Circassie, de l'Abazie, appartenant à des Russes qui se les donnaient en présent? ne m'a-t-on pas proposé à moi, comme à tous, d'en acheter pour quelques centaines de francs? Mais sans doute que ces griefs réunis paraissaient peu graves au cabinet russe lui-même, puisque pour en augmenter le nombre il se plaignit de ce que la Porte n'admettait pas sa *prépondérance*. Crime énorme, en effet, que de ne pas la reconnaître! Sans doute que dans les transactions entre puissances la prépondérance de l'une doit entrer comme preuve de loyauté et de bonne foi! Sans doute qu'un état qui ne s'humilie pas devant la prépondérance de la Russie doit être par elle châtié! quelle est donc cette prépondérance tant célébrée depuis si long-temps? Est-elle établie par quelques cent mille Russes dominant sur une vingtaine de peuples différents, clairsemés sur un immense territoire? Est-ce par le royaume de Pologne, toujours prêt à briser le joug moscovite? Que la Russie montre avec orgueil sa haute noblesse et ses trois ou quatre provinces allemandes, la Courlande, la Livonie, l'Estonie; qu'elle nous dise que là est un peuple civilisé, actif, laborieux; mais, parler avec emphase de cet ensemble hétérogène de Russes, de Kalmouks, de Tartares; fonder sur eux sa prépondérance n'est qu'une ridicule prétention. Le roi d'Angleterre a-t-il jamais présenté à l'admiration et à l'hommage de l'Europe tous ces millions de sujets qu'il compte dans ses colonies, et s'est-il étonné de ce que l'on n'admettait pas sa prépondérance? Un état est prépondérant lorsqu'il contient une population compacte, riche, active, éclairée; lorsque les arts et les sciences y fleurissent; lorsque les habitants sont réunis par des institutions fortes, par des intérêts communs. A ces titres la France est une puissance prépondérante ; l'Autriche l'est également. Mais qu'a jamais fait la Russie pour avoir de pareilles prétentions ? quels sont ses droits à la considération de l'Europe ? qu'a-t-elle fait pour la civilisation ? quelles découvertes, quels arts ont pris naissance chez elle ? quels ouvrages pourrait-elle citer dans les sciences ou dans la littérature, qui commandent le respect et l'admiration des hommes ? et même, en quoi se suppose-t-elle si supérieure à la Turquie ? En Turquie, les mahométans sont libres, et les rayas sont mieux traités que ne l'est le paysan russe. Aucun d'eux n'est vendu au marché ; dans chaque village chacun a son domicile, chacun jouit des aisances de la vie ; partout sont des écoles publiques ; à peine trouverait-on un Grec, un Arménien, qui ne sussent pas lire et écrire. En est-il de même en Russie ? quelles sont les manufactures russes qui puissent rivaliser avec celles des Turcs ? lequel de ces pays renferme une plus grande masse d'hommes industrieux, une population plus compacte ? où la terre est-elle plus fertile, les productions plus abondantes, plus variées, le commerce plus libre et plus actif? Sans doute que la cour de Russie, dévorant toutes les richesses du peuple, dépensant dans le luxe le produit de ses peines et de ses sueurs, peut se croire l'égale de celles de l'Europe. Sans doute elle peut considérer les Turcs comme des barbares, mais elle ne devrait pas ignorer que la masse de ses sujets est plongée dans une barbarie plus grande encore et qu'elle ne pourrait que perdre à la comparaison.

J'ai exposé précédemment les raisons d'état qui portaient les Russes à des hostilités constantes contre les Turcs ; j'ai même prétendu que la force des choses amenait seule la guerre entre les deux peuples, sans qu'il fût nécessaire de suivre les vues de Catherine ou un plan quelconque tracé à l'avance. Cependant la raison d'état n'est pas toujours la justice, et dans ce qui précède j'ai voulu montrer que les griefs de la Russie étaient plus spécieux que justes. Il n'était pas nécessaire cependant de présenter d'injustes allégations. C'eût été une conduite loyale et généreuse, de se plaindre de la conduite de la Porte envers les Grecs; d'adopter les considérants du traité du 6 juillet, d'avouer hautement l'intérêt que l'on portait à des coréligionnaires, de refouler les mahométans en Asie et de rétablir l'empire grec. Dès qu'on se décidait à la guerre, dès que l'on pensait qu'une rupture était inévitable, il n'était pas plus difficile d'accorder la domination à la partie la plus considérable du peuple que l'on envahissait, que de faire de nouveaux traités dans l'espérance qu'ils ne seraient pas mieux exécutés que les précédents. La Russie en marchant dans ce but aurait donné une preuve de désintéressement; elle aurait noblement servi la cause de l'humanité, et aurait acquis des droits à l'estime des peuples civilisés. Mais pourrait-on approuver cette marche tortueuse qu'elle a suivie pour voiler son ambition? Pourrait-on ne pas s'indigner de ce ton hautain, de ces prétentions dominatrices que, dans une longue suite de triomphes, n'osa jamais affecter le génie puissant et ambitieux qui gouverna la France?

La Porte avait des motifs de plaintes plus légitimes que ceux qu'on alléguait contre elle. Des agens russes avaient fomenté l'insurrection dans ses états. La cour de Russie s'immisçait dans l'administration de la Valachie et de la

Moldavie, dont elle n'avait que le droit de protéger les églises; elle accueillait les Grecs ennemis de la Porte, leur faisait des pensions, et les recevait au nombre de ses sujets; elle plaçait le pavillon russe sur des bâtiments construits dans les états de sa hautesse et montés par des hommes bien connus pour être ses sujets. Ces raisons furent exposées dans la note que donna le divan en réponse au manifeste russe. En des temps ordinaires, sans doute les puissances Européennes se seraient placées entre les combattants; chacune d'elles eût pu alléguer les mêmes griefs sur lesquels se fondait la Russie; toutes avaient un droit égal de représailles, mais toutes restèrent irrésolues, n'osant ni approuver ni blâmer les Russes; n'osant ni se joindre à eux ni servir la Porte.

Voici quelle était la position particulière de ces puissances. L'Angleterre et l'Autriche voyaient avec déplaisir de nouvelles extensions de la Russie; l'Autriche, à cause de son contact avec un empire puissant que ses institutions portent à la guerre, et qui peut en entreprendre par la seule volonté de son souverain; l'Angleterre, à cause de l'influence que la Russie s'arroge dans toutes les affaires de l'Asie, mais non pas comme, on le dit, à cause des craintes chimériques qu'elle pourrait concevoir pour ses possessions de l'Inde. Cependant ni l'une ni l'autre de ces puissances n'était en position de faire une résistance ouverte; l'Autriche craignait une alliance de la France avec la Russie; l'Angleterre seule, malgré sa puissance maritime, ne pouvait prêter aux Turcs qu'un faible secours. Il n'était pas aussi aisé qu'on le disait d'aller détruire les flottes et les établissements maritimes des Russes dans la Mer-Noire. Il ne l'était même pas de faire passer le détroit des Dardanelles aux vaisseaux anglais. Les Turcs avec leurs préjugés n'auraient pas facilement cru que des chrétiens vinssent les protéger contre des chrétiens. Dès qu'ils auraient aperçu un bâtiment de guerre étranger dans le canal, ils auraient fait feu sans s'inquiéter s'il appartenait à des amis ou à des ennemis; malgré les ordres formels de Constantinople ils n'en usent pas autrement lors de l'arrivée des ambassadeurs que l'on envoie près la Sublime-Porte. Mais une fois dans la Mer-Noire, qu'eût fait la flotte anglaise si elle n'avait pas rencontré celle des Russes? Aurait-elle remonté les fleuves sur lesquels sont placés les établissements maritimes de la Russie? Serait-elle entrée à Sévastopol malgré les batteries qui défendent l'entrée de ce port? Toutes ses opérations se seraient réduites à soulever inutilement la Crimée et à prendre à Odessa quelques vaisseaux de commerce, parmi lesquels il n'y avait même pas une propriété Russe.

C'était donc la France seule qui était l'arbitre de ces combats, qui pouvait les commander ou les arrêter à son gré. Mais, trop divisée à l'intérieur, elle attendit les événements et ne se décida pour aucun parti. D'un côté, la Russie donnait à entendre que le Rhin deviendrait la frontière française, si la guerre contre la Turquie avait un bon succès; de l'autre on démontrait combien la puissance russe deviendrait redoutable à la tranquillité de l'Europe, si elle s'augmentait encore. Voyons lequel de ces deux projets était le plus avantageux. Il n'est pas difficile de concevoir que des provinces riches et industrieuses, une frontière fixée par un large fleuve, une ceinture de places fortes, sont de grands avantages pour un état. Tout est cependant relatif, et si une petite puissance de l'Europe parvenait à les conquérir, elle y trouverait le premier des biens, l'indépendance. Mais la France est-elle dans ce cas? Avec sa population compacte de trente-deux millions d'hommes, avec son crédit, ses finances, n'est-elle pas aujourd'hui l'empire le plus puissant de l'Europe? Que gagnerait-elle si ce n'est de le devenir davantage? On prétend que les Prussiens sont à nos portes, qu'ils peuvent aisément entrer en France. De telles terreurs nous agitent peu ; et quand on a vu les expéditions d'Espagne, de Naples et de Morée se faire sans entraves, il est difficile de craindre que les intérêts de l'Europe se compliquent assez pour nécessiter de nouvelles guerres. Avant la restauration et même sous l'empire la levée de boucliers des Russes aurait excité une conflagration générale, et aujourd'hui l'on a fait à peine quelques observations. Les relations entre les souverains reposent sur la justice et sur la bonne foi. Nous ne sommes plus dans ces temps où les inimitiés de cour, les haines particulières des rois et des ministres, allumaient la discorde entre les nations. Des institutions fortes unissent la plupart des peuples avec leurs souverains; les affaires d'état ne sont plus cachées dans l'ombre;

on les porte au grand jour; on les commente dans les tribunes des différents pays. Ce n'est pas le moindre avantage des libertés publiques que d'avoir désormais rendu les guerres impossibles. Si elles devaient renaître, ce seraient les pays moins civilisés qui les apporteraient, et l'on pourrait voir encore descendre du nord des conquérants ambitieux qui après avoir fait de l'Europe une vaste arène voudraient lui imposer des lois. De pareils dangers ne sont pas à craindre avec des nations plus civilisées. D'ailleurs, nous avons vu trop long-temps les monarques trafiquer des peuples qui leur étaient confiés, étendre leur sceptre sur des pays qui ne leur appartenaient pas, pour suivre encore de pareils exemples; il est temps enfin que chacun connaisse sa patrie, et que l'Europe conserve son équilibre; non cet équilibre que l'on avait voulu établir sur des données variables de population et de richesses, mais celui qui se fonde sur la justice et sur les droits de chacun.

On donne la constante inimitié de l'Angleterre, sa puissance maritime et commerciale, comme des motifs de nous unir à la Russie. Les peuples ne sont unis que par leurs intérêts, par des relations fréquentes; si de triples lignes de douane empêchent tout commerce entre les Anglais et les Français, sans doute ils ne peuvent contracter une intime alliance; sans doute les haines nationales, fruit de tant de guerres, ne s'éteindront que lentement. Mais combien elles se sont affaiblies depuis la paix, et quel jour heureux que celui où les deux peuples, marchant sous la même bannière, à la tête des nations civilisées, domineraient le monde par la force de leurs lumières et de leurs institutions! Aucune alliance ne pourrait être plus solide ni plus durable; nous sommes avec l'Angleterre dans une telle position que nous ne pouvons lui nuire, de même qu'elle ne peut nous attaquer avec avantage. En cas de rupture, que pourrait-elle nous enlever, sinon quelques colonies qui nous sont plus à charge qu'utiles; pourrait-elle ruiner notre commerce, lorsqu'ayant à peu près un nombre égal de bâtiments de guerre, nous prendrions vingt fois plus de ses vaisseaux marchands qu'elle n'en trouverait de français? D'un autre côté où pourrions-nous l'attaquer avec succès? Serait-ce dans ses îles, dans ses colonies? personne ne le suppose ; mais en admettant que la guerre nous fût favorable, qu'aurions-nous gagné, si, comme le disent les économistes, les colonies sont plus à la charge qu'à l'avantage des métropoles? Reste la question de commerce, et vraiment je ne vois pas pourquoi on désirerait la guerre contre un peuple, parce qu'il est essentiellement industrieux et commerçant. Qui empêche donc les Français de l'imiter? La plus grande partie des matières premières peut leur venir à aussi bon compte qu'aux Anglais; le gouvernement encourage les découvertes et les entreprises nouvelles, et nous avons une multitude de sociétés chargées de les examiner et de les faire connaître. Dans plusieurs genres de manufactures nous avons à l'étranger une supériorité évidente sur nos rivaux. Les ports de presque toute la terre nous sont ouverts aux mêmes conditions qu'à eux. Si nous ne réussissons pas aussi bien, il faut en chercher la cause dans l'organisation intérieure de notre pays, et je ne vois pas comment une guerre nous mettrait dans une meilleure position. Un traité de commerce fait avec prudence serait autrement utile que les plaintes et les menaces. C'est là, je pense, ce que doivent désirer tous ceux qui veulent pour leur patrie, non une vaine gloire, après laquelle nous avons couru si long-temps pour la voir tomber en un jour, mais une paix et une prospérité durables. C'est aussi ce que doivent désirer ceux qui aiment les libertés, fruit de la civilisation, et qui haïssent le knout et le despotisme militaire.

Mais cette union de la France et de l'Angleterre serait-elle une barrière assez forte contre l'ambition des Russes? Ils connaîtraient peu la position de l'empire russe, ceux qui en douteraient; ils ne savent pas que pour un peu d'or toutes ces nations barbares qui l'entourent et forment une partie de sa population tourneraient leurs armes contre lui; que rien ne serait plus aisé que de soulever la Crimée, le Caucase et cette masse de Calmouks, de Kirguis, de Turcomans placés à l'orient de la mer Caspienne; que la Turquie et la Perse ne tarderaient pas à reprendre les armes; qu'aucune barrière naturelle ne pourrait s'opposer à l'irruption de ces barbares; tandis que, du côté de l'Europe, l'Autriche s'estimerait heureuse d'abaisser la puissance moscovite, et que la Pologne chercherait à reconquérir son indépendance. Tel serait le châtiment des Russes, si, renouvelant les siècles de la barbarie, ils osaient braver l'opinion et les volontés de l'Europe; attaqués de toutes parts, sans commerce et sans crédit, ils verraient les hordes asiatiques détruire en quelques jours les germes de civilisation que l'on a péniblement semés chez eux, et que le temps et les institutions n'ont pas encore fécondés.

« Ainsi donc, d'après l'opinion que j'ai énoncée, la France devrait intimement s'unir à l'Angleterre et à l'Autriche pour s'opposer aux projets ambitieux de la Russie; elle devrait considérer que, si aujourd'hui cette puissance est peu redoutable, sa situation s'améliore chaque jour ; que la prudence ordonne de se défier d'un peuple qui ne présente d'autre garantie que le caractère particulier de son souverain, d'un peuple qui, avec quelques institutions, peut accabler l'Europe de son poids ; que depuis la paix, et en affectant un langage modéré, la Russie a acquis des possessions plus importantes que celles que lui avait données une guerre franche, loyale et heureuse. Qu'enfin la domination de Constantinople, du canal de la Mer-Noire et du Caucase, objets de sa convoitise, en fera une puissance maritime. Jusqu'à ce jour, en effet, la Russie n'a eu de flottes que par vanité ; elle ne faisait aucun commerce, ne possédait aucune colonie ; ses vaisseaux faisaient quelques évolutions dans la Mer-Noire et la Baltique, maintenaient l'ordre dans quatre ou cinq ports, puis allaient pourrir dans les arsenaux, après avoir débarqué de grotesques équipages qu'elle employait plus utilement comme maçons et comme laboureurs. Il n'en sera plus de même si l'on n'y met obstacle ; la marine grecque s'incorporera dans la marine russe ; des communications seront établies entre la Baltique et la Mer-Noire ; il est impossible d'apprécier les fâcheuses conséquences qui résulteraient pour l'Europe d'un tel état de choses. En vain la France prétendrait rester unie à la Russie ; en vain elle croirait être à l'abri de son influence. Elle devrait à son tour subir le joug du despotisme militaire. Ne voyons-nous pas déjà les Russes s'immiscer dans les affaires intérieures de tous les pays ? Dans la guerre contre la Perse, le cabinet de Pétersbourg n'a-t-il pas osé dire qu'il ne reconnaîtrait pas l'héritier légitime du roi actuel ? Ne s'est-il pas arrogé le droit d'élever les princes et de les abaisser ? Il s'agissait cependant de la plus ancienne monarchie de la terre, d'un pays où les droits de l'hérédité avaient été mieux gardés qu'en Russie; d'un trône enfin devant lequel s'inclinaient naguère ceux qui donnaient des lois aux ducs de Moscovie. Le langage des ministres russes a-t-il été plus conciliant, plus doux dans les relations avec la Turquie, dans les relations même avec plusieurs cours de l'Europe? La Russie n'a-t-elle pas au contraire toujours cherché à influencer, à dominer les autres puissances ? Que serait-ce si elle croissait en pouvoir !

Si j'ai insisté sur les avantages que produirait l'union de la France et de l'Angleterre, sur le besoin de s'opposer à l'ambition des Russes, je n'ai pas pour cela prétendu que nous dussions être les champions des Turcs ; j'ai voulu démontrer que dans les relations entre les puissances, de même qu'entre les particuliers, l'avantage restait toujours au droit et à la fermeté. Les trois cours s'étaient unies dans un but commun ; elles voulaient faire cesser les hostilités contre les Grecs, et, à défaut du consentement de la Porte, protéger leur état naissant et assurer leur indépendance. Pourquoi alors les Russes seuls attaquaient-ils la Turquie, tandis que la France et l'Angleterre restaient en paix avec elle ? Si les trois puissances se fussent unies dans l'attaque, la Porte eût été obligée de céder, et on ne verrait pas la Russie exploiter seule à son avantage un traité fait dans un motif d'humanité. Supposons que, pendant que l'armée russe s'avançait contre Constantinople, les escadres combinées eussent franchi les Dardanelles, et personne ne doute qu'une semblable opération n'eût été facile : la Porte dans ce cas n'eût-elle pas été forcée d'accorder aux Grecs la liberté, et de donner des garanties pour le repos de l'Europe ? Verrions-nous dans ce moment la Russie imposer des lois à un ennemi vaincu; faire entrer dans son traité de paix des conditions onéreuses, impossibles à remplir, telles enfin que de nouveaux combats deviendront nécessaires ? Dès aujourd'hui l'empire turc n'existe plus. Le divan se trouve sous la domination russe ; la Russie obtiendra à Constantinople d'assez grandes faveurs pour que le commerce du Levant ne se fasse plus désormais que sous son pavillon. Les hommages de la Porte seront accordés à son représentant ; elle réservera ses dédains et ses mépris pour ceux des autres puissances. Et, tandis que les sujets russes obtiendront la protection des autorités turques, les autres seront toujours en butte aux mauvais traitements. Bientôt l'aigle moscovite flottera à Constantinople et sur le canal de la Mer-Noire ; que sera-ce alors de cette cité florissante, de ce port le plus libre de la terre, où les négociants de tous les pays pouvaient rivaliser à égal avantage d'activité et d'industrie ?

Des craintes si légitimes ne nous agiteraient pas aujourd'hui, si les escadres combinées étaient sous les murs du sérail ; on prétend que de trop grandes difficultés s'opposaient à ce que l'on plantât l'étendard de la croix sur les tours de Sainte-Sophie. On dit que les Grecs étaient trop divisés, trop barbares pour former un état indépendant. Je ne crois pas que les habitants de la Morée, que tous ces Klephtès, tous ces Palicares que l'on vient de libérer, soient supérieurs en civilisation aux Grecs qui habitent la Romélie, à ceux qui vivent à Constantinople ; tous sont également barbares ; mais ni en Morée ni en Romélie ils ne le sont autant que les Turcs. Or, si l'on pense que ceux-ci puissent sans danger se réunir en corps de nation, je ne conçois pas pourquoi on ne supposerait pas aux Grecs la même aptitude ; si on pense que les uns puissent vivre en bonne harmonie avec leurs voisins, pourquoi n'aurait-on pas la même opinion des autres? Si les Turcs sont aptes à faire des progrès dans la civilisation, il me semble que les Grecs ne le sont pas moins ; qu'ils peuvent aussi aisément s'éclairer, s'instruire, se policer ; il me semble enfin que la religion chrétienne, qu'ils professent, donne d'autres gages de sécurité que la loi du Coran. On ajoute que pour rétablir l'empire grec il deviendrait nécessaire de verser des torrents de sang ; que les Grecs se livreraient à d'affreuses vengeances. Ces raisons sont fondées, mais je ne vois pas d'où vient cet intérêt que l'on porte aux uns et que l'on n'accorde pas aux autres. Pense-t-on que les Turcs ne se soient pas vengés sur les Grecs de l'intérieur, de la guerre que faisait la Russie? Que sont ces malheureux décapités à Varna et dans la Romélie? Que sont ces chrétiens du Curdistan, vendus dans les marchés de Mosul, de Bagdad et de Diarbekir? Et s'il faut que dans les querelles qui s'engagent entre la Porte et les étrangers il y ait toujours des victimes, j'aime mieux que les Turcs soient sacrifiés. Mais il est des motifs secrets sur lesquels on insiste davantage ; on parle d'équilibre de l'Europe, de raisons d'état, de difficultés qu'une intelligence commune ne saurait comprendre. Ces mystères diplomatiques sont d'une haute importance sans doute ; nul n'a droit de les découvrir. Malheureusement l'histoire est là qui prouve combien ces mots sont vides de sens ; qui prouve que les intérêts dont sont chargés les diplomates ne sont autres que ceux des pays qu'ils représentent, et que chacun peut les apprécier.

Admettons toutefois que des motifs inconnus, et probablement peu fondés, puisqu'on ne les expose pas, empêchent le rétablissement de l'empire grec ; n'avions - nous autre chose à faire que de regarder agir la Russie? Si, conjointement avec l'Angleterre, et tout en approuvant la guerre, nous nous fussions emparés des Dardanelles, opération dont on a démontré la facilité, nous aurions prévenu les résultats fâcheux qui nous menacent. Que la Russie dominât à Constantinople, peu nous importait; nous aurions été placés dans le détroit; nous pouvions l'empêcher d'exploiter à son gré la Turquie; nous aurions pu protéger notre commerce aussi activement qu'elle protégera le sien ; nous aurions pu inspirer au divan assez de crainte pour l'obliger à la fidèle exécution des traités; nous aurions pu étendre nos relations dans l'intérieur, faire respecter les agents du gouvernement et les particuliers. Si le patronage des Russes inspirait une assez grande confiance pour attirer les négociants sur les points qu'ils occuperont, nous n'aurions pas été moins heureux, et d'autres négociants pouvaient préférer l'administration française et se placer sous son égide; qu'aurions-nous perdu à cette rivalité ? On prétend que nous ne pouvions garder long-temps les Dardanelles ; mais il n'eût pas été plus difficile de nous y maintenir qu'il ne l'est à la Russie d'occuper les provinces turques ; ces places pouvaient être fortifiées, et leur approvisionnement par mer se faisait sans entraves. N'étions-nous pas placés de manière à opérer un débarquement, lorsque nous avions en Morée une armée inutile ? Les Russes auraient-ils pu se récrier, puisque nous eussions agi comme eux dans le but du traité? Une pareille opération était avantageuse sous tous les rapports ; elle procurait à la France une importance maritime qu'elle n'a pas ; elle était un obstacle à l'ambition russe; elle donnait des facilités pour soustraire le commerce à la fâcheuse influence des comités sanitaires.

Ces considérations n'ont point prévalu. On s'est obstiné à voir des partis et des systèmes au lieu d'intérêts matériels. Les Russes se sont vus transformés en libéraux ; l'Autriche et l'Angleterre ont été considérées comme puissances stationnaires qui s'opposaient à toute innovation. On a fait de cette immense question l'affaire de quelques ministres, que l'on a jugés d'après leurs opinions sur l'administration intérieure. Ils passeront cependant, ces ministres, comme ont passé leurs prédécesseurs et au milieu de ces inutiles controverses nous serons écrasés par le colosse à l'élévation duquel nous aurons applaudi.

CHAPITRE XXI.

PRISE DE CHIO PAR LES TURCS. — CAMPAGNE DES RUSSES. — DÉPART DE SMYRNE. — ILES IONIENNES. — ARRIVÉE A CORFOU. — DÉPART DES AMBASSADEURS POUR LA GRÈCE. — EXPÉDITION DE LA MORÉE. — ARRIVÉE EN ITALIE.

Pendant que nos regards étaient tournés vers le nord et que nous cherchions à prévoir les événements qui s'y préparaient, Tahir-Pacha faisait des dispositions pour sortir de Constantinople ; il avait placé son pavillon sur une frégate, et, suivi de quelques bâtiments de guerre, il se disposait à franchir le canal, et déjà il était aux Dardanelles. Son but était de débloquer Chio et de replacer cette île sous la domination ottomane. Le pacha de Smyrne devait concourir à cette expédition ; pour cela il avait fait passer nombre de troupes à Tchesmé, et construire de longues chaloupes destinées à les transporter. Les Grecs paraissaient ignorer tous ces apprêts ; manquant d'artillerie de siége, ils se contentaient de tenir la place étroitement bloquée, et ils s'attendaient à chaque instant à voir capituler la garnison. Ils furent étrangement surpris lorsqu'un jour ils virent la flotte turque jeter l'ancre dans le port ; les petits bâtiments de la croisière grecque firent une résistance inutile pendant près de trois heures, et c'était un singulier fait d'armes que ces frêles vaisseaux de commerce armés de quatre ou cinq pièces de canon, combattant contre une frégate de soixante, des corvettes et des bricks. Mais bientôt les Turcs de l'Asie atteignirent le rivage, et les Grecs furent obligés de se retirer. Ils se rendirent sur la côte occidentale, où ils furent recueillis par des bâtiments grecs et protégés par des vaisseaux de guerre français. Les Turcs ne s'abandonnèrent pas à leurs vengeances accoutumées ; peu de monde périt, et l'on ne mit pas d'obstacle à la fuite des Grecs. Ainsi se termina cette expédition entreprise avec prudence et digne d'un meilleur succès.

Quelques jours après parut la déclaration

de guerre des Russes. Elle dut faire une profonde impression dans le Levant, et surtout à Smyrne. Je ne saurais dire toutefois qu'on la vit avec déplaisir; un temps si long avait été consumé en inutiles négociations, que l'on avait mis les plus intéressés dans la nécessité de désirer une rupture qui enfin amènerait un arrangement quelconque. Ce sentiment général chez des hommes essentiellement pacifiques était la meilleure preuve que l'on avait jusqu'alors suivi une mauvaise marche. De toutes les nations, les Turcs étaient sans aucun doute ceux qui prenaient aux événements le moins d'intérêt; ils apprenaient la marche des Russes, l'invasion de la Valachie et de la Moldavie, avec leur insouciance habituelle. Mais ils ne croyaient pas que leur empire courût de grands dangers; nous verrons, disaient-il, cela finira; qu'importe? La prise des villes fortifiées surtout les surprenait, tant ils avaient peu d'idée de l'art de la guerre et de la manière d'enlever les places. L'un d'eux, auquel j'apprenais la prise de Braïlow, me disait « Cela est impossible; je connais cette ville; j'y suis allé; il y a des murs épais, beaucoup de canons et des portes; si les Russes se présentent, on ferme les portes, et comment alors peuvent-ils entrer? »

Je n'ai pas sans doute la prétention de juger les opérations militaires de cette campagne ; ce que j'ai dit de l'organisation des troupes turques, de l'ignorance des officiers, suffit pour prouver que les succès des Russes ne pouvaient être contestés. Personne dans le Levant ne doutait qu'ils n'arrivassent à Constantinople avec la plus grande facilité, et l'étonnement fut général quand on les vit arrêtés après quelques faits d'armes peu importants. Lorsqu'on a vu en Égypte une armée de quatre-vingt mille Turcs battus par une dizaine de mille Français, il serait ridicule d'établir un parallèle entre l'armée de l'empereur et celle du sultan. Il ne le serait pas moins de considérer les avantages remportés par les Russes comme des actions fort glorieuses. Mais on ne saurait s'empêcher de dire que l'armée russe entrée en Valachie et en Moldavie sans coup férir, passant le Danube sans obstacle, a montré peu d'habileté, puisque l'année ne lui a pas suffi pour arriver à Constantinople, pour obtenir tout d'abord les succès qu'elle désirait. Il faut avoir vu ces

trente ou quarante mille Turcs disciplinés à
l'européenne; ces troupes irrégulières composées de marchands, de laboureurs, de domestiques, de Curdes, dont aucun n'avait l'idée de la guerre; il faut connaître ce chaos
que l'on nomme l'administration ottomane
pour sentir quelle faible résistance ils étaient
capables de faire. Les soldats avaient sans
doute du courage; ils étaient animés par le fanatisme et l'amour de leur pays; mais que pouvaient-ils contre des troupes disciplinées
commandées par d'habiles généraux? Il est
une chose évidente pour chacun; c'est qu'à
peine l'armée russe était entrée en campagne
qu'elle a manqué de vivres et de transports;
comment donc une puissance qui porte si
haut ses prétentions militaires peut-elle être
après quelques jours prise au dépourvu? Le
gouvernement russe ignorait-il quels pays séparaient son armée de Constantinople. Ne savait-il pas qu'il ne pouvait compter sur les
ressources qu'ils lui offriraient. Depuis tant
d'années que la guerre était imminente, n'avait-il pas eu le temps nécessaire pour prendre ses mesures? Il avait su cependant négocier un emprunt et rassembler des soldats. Il

devait être instruit, par l'expérience acquise pendant la dernière guerre contre les Persans, puisque, faute d'avoir pris ses précautions, la campagne avait manqué lui devenir funeste. Non, une puissance dont l'administration n'est pas assez habile pour faire vivre une armée à quatre journées de marche de ses frontières n'a pas droit à l'admiration. Non, une puissance qui pendant une année entière se trouve réduite à célébrer la prise d'une place aussi mal fortifiée que Varna n'a pas droit à l'admiration. S'est-il donc écoulé tant d'années depuis la paix, pour que nous soyons réduits à nous étonner de la prise de quelques bicoques défendues par des Turcs combattant pendant quatre mois contre des ingénieurs européens? Nous avons vécu dans ces temps où s'écroulaient les murs de Saragosse et de Burgos; dans ces temps où retentissaient les foudres de Wagram et d'Austerlitz; dans ces temps où il n'y avait plus ni Alpes ni Pyrénées, et c'est devant nous qu'on célèbre la prise d'Érivan et de ses quatre canons; celle de Varna, le passage des Balkans! Nous voyons des rescrits impériaux nous parler avec plus d'emphase d'un pacha ou d'un bey turc, que ne faisaient les bulletins de la grande armée lorsqu'ils annonçaient le sort des premiers potentats de l'Europe!

Si la gloire de la Russie ne nous éblouissait pas, nous qui savions quels ennemis elle avait à combattre, nous ne pouvions nous empêcher de remarquer quelles améliorations avait introduites dans l'administration turque la destruction des janissaires. L'ordre ne fut point troublé dans les parties de l'empire éloignées du théâtre de la guerre; les mollahs et les derviches (chose étonnante!) ne cherchèrent point à exciter le fanatisme des vrais croyants; les caisses militaires ne furent point pillées comme il est d'usage; enfin chacun garda le poste qui lui était assigné, et les soldats ne coururent pas en masse pour voler çà et là comme ils le faisaient dans les guerres précédentes. Il régnait quelque discipline et c'était beaucoup chez des hommes qui ne l'avaient jamais connue.

Ainsi nous étions chaque jour trompés dans notre attente; loin de se simplifier les événements se compliquaient, et la paix paraissait de plus en plus éloignée. Obligé de renoncer à mon voyage de Caramanie, je pris enfin le parti de quitter l'Orient et de rentrer en France. M. de la Suze, commandant la corvette de S. M. *la Victorieuse*, voulut bien me recevoir à son bord; il se rendait à Corfou, et je préférai prendre cette route dans l'espérance de traverser l'Italie. Nous appareillâmes au mois de juillet 1828 et nous nous dirigeâmes vers la Morée; mais, arrivés devant Navarin, nous trouvâmes la croisière française commandée par le Scipion, qui donna à la Victorieuse l'ordre d'attendre devant cette ville l'amiral de Rigny, alors à Corfou. Ainsi nous croisâmes pendant plusieurs jours, espérant à chaque instant qu'on nous laisserait la liberté de continuer notre route.

La bataille de Navarin n'avait pu forcer le pacha Ibrahim d'abandonner la Morée; on pensa à le contraindre au départ, en l'empêchant de ravitailler les places qu'il occupait; c'était la raison pour laquelle les escadres française et anglaise bloquaient les ports du Péloponèse. Quelques bâtiments grecs concouraient à la croisière et enlevaient de temps à autre les convois de vivres que des spéculateurs lançaient des îles Ioniennes, lorsque la force du vent du nord obligeait les vaisseaux de guerre à s'éloigner. Malgré ces précautions il était difficile d'affamer les places occupées par les Turcs; les capitaines Grecs, toujours avides de gain, apportaient eux-mêmes des provisions et venaient les vendre à leurs ennemis tant qu'ils avaient assez d'argent pour les payer. Le peuple des campagnes souffrait seul de la faim, et il serait difficile de décrire à quel point la misère était portée dans l'intérieur. Les combattants des deux partis avaient enlevé aux paysans tout ce qu'ils possédaient. Le blé qu'ils tiraient de Constantinople et d'Alexandrie ne pouvait plus arriver; leurs récoltes avaient été détruites, et les fruits dont ils font le commerce ne pouvaient plus être échangés. La plus grande partie de la population fut réduite à se nourrir de racines et d'écorces d'arbres; une épidémie se répandit parmi ces malheureux, et l'on prétendit que c'était la peste : ce n'était que la faim, que l'horrible faim qui les poursuivait. J'ai vu un officier anglais qui dans ce temps de calamités se trouvait dans la plaine de Gastouni; il rapportait d'affreux détails sur la situation de ce pays. Il entra dans une chaumière et trouva une femme tenant son enfant mort sur son sein ; elle venait d'expirer, et l'herbe que l'on voyait encore dans sa bouche annonçait quelle avait été sa dernière nourriture. Les parents vendaient leurs enfants pour trois livres de pain. Et que l'on ne suppose pas que j'exagère en rien la vérité ; j'ai vu moi-même de ces infortunés obligés de fuir pour échapper à la famine : ils venaient à Zante. Mais là, on les repoussait, s'ils ne pouvaient justifier d'une certaine fortune ; on les obligeait à retourner sur la terre qu'ils avaient quittée. Tels étaient les fruits d'un traité dicté par l'humanité ; tels étaient les services que l'on rendait à la Grèce ; et l'on s'étonne de ne pas trouver de reconnaissance pour de pareils bienfaits ! Toute réconciliation avec la Porte devenue impossible après la bataille de Navarin, l'anarchie, le pillage, la piraterie, la population décimée par la famine, voilà ce que l'intervention des puissances de l'Europe avait donné à la Grèce.

Cependant une espèce de typhus s'était manifestée à bord des vaisseaux français le Scipion et le Breslaw, et le commandant de la station donna ordre à la Victorieuse de se rendre à

Corfou pour avertir l'amiral de Rigny; nous le rencontrâmes à la hauteur de Zante, où il devait avoir une entrevue avec l'amiral Codrington. Je me hâtai de débarquer dans cette île pour y faire une quarantaine et échapper à l'ennui de la navigation et des croisières. Lorsque le temps était calme, une chaleur étouffante nous accablait. Cette masse d'hommes pressés dans un espace étroit élevait la température de l'atmosphère, et nous étions étonnés de ce que l'équipage se maintenait dans un état parfait de santé. Quand nous nous reposions pendant le jour, une sueur abondante coulait de toutes les parties de notre corps; puis les matelas s'échauffant causaient d'affreuses démangeaisons. Si nous voulions jouir de la fraîcheur du soir, une rosée abondante nous obligeait à rentrer au milieu de cet air épais, singulier mélange d'exhalaisons d'hommes et de goudron. La corvette que je quittais servait à l'instruction des élèves de la marine royale; c'est assez dire que l'on ne pouvait espérer une société meilleure que celle que l'on trouvait réunie à bord; jamais cependant je n'abandonnai plus volontiers mes compagnons de voyage; jamais je ne mis pied à terre avec un plus vif sentiment de plaisir. Pendant cette longue navigation je ne remarquai autre chose qu'un changement de climat, dont je ne saurais assigner la cause. La côte de l'Asie mineure se trouve à peu près sous la même latitude que celle des îles Ioniennes; les productions sont les mêmes : dans les îles cependant les rosées sont abondantes pendant l'été, tandis qu'elles sont insensibles en Anatolie; aussi la végétation est-elle plus active dans le premier pays que dans le second.

Je me trouvais déjà renfermé dans la quarantaine, lorsqu'après quelques conférences les amiraux français et anglais mirent à la voile et se dirigèrent vers la Morée.

Aux sollicitations dont on avait si longtemps pressé le Grand-Seigneur avaient succédé les sollicitations près d'Ibrahim et de Mehemed-Ali. De temps à autre les chefs du blocus renouvelaient leurs instances. Ibrahim causait familièrement avec eux, mais prétendait toujours qu'il ne partirait qu'après avoir reçu des ordres; de là des propositions que Mehemed-Ali cherchait à éluder. Cependant le général turc commençait à manquer d'argent; l'hiver approchait, et les Albanais et les

Grecs qu'il avait à son service témoignaient leur mécontentement et le désir de retourner dans leurs foyers.

On profita de cette circonstance pour presser davantage le départ des Turcs. Enfin les pachas donnèrent leur consentement; une convention fut faite avec l'amiral Codrington; les Turcs devaient se retirer et laisser seulement en Morée une garnison suffisante pour veiller à la sûreté des places qu'ils occupaient. Ibrahim-Pacha congédia les Albanais, et M. de Rigny envoya un bâtiment pour protéger leur passage du Péloponèse en Romélie; les Turcs de Patras et de Lépante ne perdirent pas une si belle occasion d'insulter des chrétiens; ils tirèrent des coups de canon sur la corvette l'Écho, que l'on avait chargée de leur prêter secours. Quelque temps auparavant, ils n'avaient pas agi différemment avec le brick anglais le Philomel, expédié pour arrêter la marche du général Church. Il est juste de dire toutefois que les Turcs pouvaient craindre que ces bâtiments n'appartinssent aux Grecs, d'autant plus qu'ils étaient menacés par les troupes du général Church, qui rôdaient autour de Patras après avoir été battues à Anatolico.

J'eus bientôt terminé ma quarantaine, et je profitai du départ d'un bâtiment à vapeur qui se rend régulièrement dans les îles Ioniennes; ainsi je passai à Céphalonie, à Sainte-Maure, et j'arrivai à Corfou. Il n'était pas difficile de reconnaître que je me trouvais sous un gouvernement civilisé : au lieu du petit morceau de papier qui m'avait suffi pendant ma longue résidence en Asie, je vis mon passeport se charger de cachets et de signatures; chaque jour je devais comparaître devant la police; la douane fouilla mes effets avec une paternelle minutie; on m'obligea à trouver quelqu'un qui voulût bien me cautionner pour la somme de mille francs, à laquelle on évaluait un étranger. Ce fut un marchand français qui voulut bien répondre pour moi, comme il avait l'habitude de le faire pour d'autres. Le consul n'avait pas le droit de remplir cette formalité; et sans l'obligeance de M. Charréard on m'aurait expulsé des îles Ioniennes, car telle est l'hospitalité des peuples policés.

Je restai dix jours à Corfou, attendant une occasion favorable pour me rendre à Otrante; pendant ce temps les cours européennes parvinrent à réunir leurs représentants. L'expédition de Morée avait été décidée; les ambassadeurs eurent ordre de se rendre à Poros. Ainsi l'on avait résolu de s'occuper activement des affaires de la Grèce. L'armée française seule pouvait purger la Morée de la présence des Turcs, faire cesser la famine et rétablir la paix. Honneur à ceux qui ont enfin substitué la force aux négociations, qui ont adopté avec la Porte la seule raison qu'elle puisse comprendre. Ils ont terminé par cette mesure le drame sanglant qui depuis si long-temps était pour l'Europe un sujet de honte et d'affliction. Un pays rendu au repos et à la liberté, l'ordre substitué à l'anarchie, aux rapines et au meurtre, tels sont les fruits glorieux de l'expédition. Mais comme si aucune des choses de ce monde ne pouvait être irréprochable, cette expédition en elle-même ne fut qu'une injustice. On venait de conclure un traité avec Mehemed et Ibrahim-Pacha, et sans doute que l'amiral Codrington était dûment autorisé à négocier; et voilà que, lorsque l'on commençait à exécuter les conditions, les puissances de l'Europe viennent faire des sommations nouvelles. Des Anglais et des Français débarquent et attaquent les Turcs, les forcent à la retraite. Ah! sans doute que les Turcs n'auraient pas évacué la Morée si on ne les y eût contraints. Sans doute qu'ils se seraient appuyés sur leur loi religieuse, qui défend d'abandonner sans combats une terre arrosée du sang musulman. Pourquoi alors avait-on traité avec eux, pour ensuite leur manquer de foi? N'eût-il pas été plus simple et plus loyal de faire immédiatement l'expédition, au lieu de consumer tant de jours à des démarches dont on devait connaître l'inutile résultat?

Ce fut avec l'approbation de l'Europe entière que l'expédition française partit pour la Morée, et ceux qui avaient été témoins des misères des Grecs ne devaient pas moins que d'autres la voir avec plaisir. Aussi quittai-je Corfou convaincu que les scènes dont j'avais été témoin ne se renouvelleraient plus. Je partis sur un petit bateau de poste, et j'abordai à Otrante; là on me fit faire une nouvelle quarantaine, et, comme de raison, on visita mes effets et mes papiers; un commissaire de police s'était chargé de cette commission, dans laquelle il sut déployer tout le zèle que comportait son état. Une tentative d'insurrection avait eu lieu dans les Abruzzes, et le gouvernement craignait que les meneurs n'eussent établi des relations avec les Napolitains réfugiés dans les îles Ioniennes. Pour l'empêcher il avait investi la police de pouvoirs très étendus, dont elle usait avec autant de discernement que de coutume. Le commissaire que je trouvai jugea convenable de me mettre au secret dans la quarantaine; il plaça à ma porte un gendarme et me défendit toute communication avec les habitants. Ainsi, après huit années d'exil, je fus à mon arrivée sur le continent traité comme un malfaiteur. Je ne pouvais d'abord expliquer cette rigueur, mais bientôt après j'en découvris la cause. Avec moi venait un courrier de cabinet anglais qui avait traversé le royaume de Naples pendant que la rébellion se manifestait; il avait lui-même été assailli par les bandits qui, sous prétexte de liberté, pillaient les maisons et détroussaient les voyageurs; arrivé à Corfou, il avait raconté ses aventures, que l'on avait insérées dans la Gazette du gouvernement ionien; on jugea prudent de saisir le journal et de me séquestrer ainsi que le courrier. Je ne fus libre qu'après vingt jours que l'on supposa indispensables pour préserver le pays de maladies que je n'avais pas; et, après avoir satisfait à tous les réglements, non moins fiscaux que sanitaires, je me hâtai de partir pour Naples. Je suivis pour cela la campagne de la Pouille, qui, si la route avait été plus sûre, m'aurait rappelé les tristes plaines de la Turquie. Comme dans ce dernier pays, je voyais des villages de Grecs et d'Albanais, et je ne pus m'empêcher de remarquer combien ils se distinguaient du peuple au milieu duquel ils vivaient. Les hommes étaient dispos et bien faits, et les femmes avaient un teint animé et des traits d'une régularité parfaite, tandis que la race napolitaine des campagnes n'est pas remarquable par la beauté. Après cinq jours j'arrivai enfin à Naples, où la police ne manqua pas d'exercer sur moi, pendant les huit jours que j'y demeurai, une surveillance aussi active qu'inutile. Chaque matin un agent déguenillé venait à l'hôtel où je demeurais pour demander, en mauvais napolitain, si le Français n'était pas encore parti; puis il s'établissait dans la maison jusqu'à ce qu'il m'eût vu de ses propres yeux. Cette inquisition avait fini par m'être si agréable que, malgré mon désir de hâter mon départ, je serais, je crois, resté à Naples si j'avais espéré faire pièce au gouvernement.

Les souvenirs de la Grèce devaient encore me suivre à Naples. Par un singulier hasard, j'y rencontrai M. Argiot, qui m'avait reçu à Odessa lorsque j'entreprenais mes voyages. Il était chargé par le gouvernement d'approvisionner les troupes de la Morée, et avait déjà fait des achats considérables. Quand je considérais comme les mesures étaient prises avec soin pour assurer à l'armée les vivres nécessaires, je ne pouvais m'empêcher d'admirer l'habileté de notre administration et de la comparer à celle des Russes.

Mon intention n'est pas dans ce moment d'écrire un voyage en Italie; je me bornerai à dire que je revins par Rome, Florence, Milan, Turin, et que je rentrai en France par Grenoble. Je n'insisterai pas non plus sur le plaisir que je dus éprouver lorsqu'après une si longue absence je m'assis au foyer paternel et que je revis mes parents et mes amis.

FIN.

TABLE
DES CHAPITRES.

Chapitre premier. Départ pour Constantinople en 1821. — Malte. — Ténédos. — Troupes turques. — Phénomène de mirage. — Marine militaire des Turcs. — Arrivée à Constantinople. 1

Chap. II. Constantinople. — Situation de la ville en 1821. — Excursion dans le canal de la Mer-Noire. — Montagne du Géant. — Géologie. 19

Chap. III. Révolution grecque. — De la conduite de la Russie. — De celle des autres puissances européennes. — Du commerce de Constantinople. — Des drogmans de Constantinople. — Des employés européens. 33

Chap. IV. Situation de la Grèce en 1826. — Discussions entre la Porte et la Russie. — Conférences d'Akermann. — Politique du ministère anglais. — Causes des divisions entre la Turquie et la Russie. — Situation respective de ces deux puissances. 51

Chap. V. Séjour à Constantinople en 1827. — Affaires politiques. — Préjugés des Turcs. — Leurs opinions sur l'art militaire. — Conduite des Grecs de Constantinople. 67

Chap. VI. Départ de Constantinople. — Brousse. — Bains turcs. — Eaux minérales. — Filles publiques. — Départ pour Smyrne. 83

Chap. VII. Départ de Brousse. — Bach-Keui. — Apollonie. — Antiquités de cette ville. — Lac Apollonius. Mohalleh. — Médecin franc. — Fête turque. — Magnésie. — Arrivée à Smyrne. 95

Chap. VIII. Smyrne. — Population. — Commerce. — Causes de la décadence générale du commerce à Smyrne et dans le Levant. — Système des quarantaines. — Importance d'un lazaret au Havre. 111

Chap. IX. Départ de Smyrne pour Chio. — Vourla. — Tchesmé. — Agent consulaire français. — Sac de l'île en 1822. — Villages de mastic. 125

Chap. X. Traité de Londres du 6 juillet 1827. — Vues des différentes puissances. — Malheureuse issue des expéditions grecques.—Karaïskaki. — Lord Cochrane. —Church. — Discussion du traité. — Sa présentation au gouvernement grec. 145

Chap. XI. Départ pour Syra. — Position de l'île. — Son état avant la révolution. — Population de Syra. — Le général Gueheneuc. — Comités philhelléniques. — Agents de ces comités.—Institutions de la Grèce. 159

Chap. XII Départ de Syra. — Poros. — Methana. — Arrivée de lord Cochrane. — Le colonel Fabvier. — Le prince Mavrocordato. — Arrivée à Égine. 175

Chap. XIII. Égine. — Gouvernement grec. · Mavromichali président. — M. Glaraki. — Causes de la piraterie. — Arrivée de la frégate de S. M. la Junon. 187

Chap. XIV. Position de Mehemed-Ali, pacha d'Égypte. — Expédition de Chio. — Épitropie. — Tribunal des prises. 203

Chap. XV. Bataille de Navarin. — Sensation qu'elle produit en Grèce. — Causes qui la rendaient inévitable. — Départ pour Tinos. — Agents consulaires français et étrangers. — Lord Cochrane. — Docteur Gosse. — Retour à Syra. 221

Chap. XVI. Départ avec M. Dumont pour Naxos. — Habitants de l'île. — Monastère français. — Propriétés royales. — Candiotes. — Excursion dans l'île. — Paysans grecs. — L'abbé Ghergraud. — Mort du lieutenant Bisson. 237

Chap. XVII. Départ pour Santorin. — Formation volcanique de cette île. — Ilots sortis de la mer. — Lèpre. — Opinion des habitants sur cette maladie. — Industrie et commerce de Santorin. 257

Chap. XVIII. Départ pour Syra. — Corsaires grecs. — Arrivée à Nio. — Antiquités. — Mort du lieutenant Bisson. — Antiparos. — Paros. — Arrivée à Syra. 275

Chap. XIX. Départ des ambassadeurs de Constantinople. — Persécution des Catholiques. — Arrivée en Grèce du comte Capo-d'Istrias — Départ pour Smyrne. — Relâche à Chio. — Expédition contre cette île. — Départ pour Smyrne. — Mitylène. 291

Chap. XX. Hatti-shériff du Grand-Seigneur. — Manifeste russe. — Prétentions de la Russie. — Réponse du divan. — Irrésolutions des autres puissances. — Position de chacune d'elles. 311

Chap. XXI. Prise de Chio par les Turcs. — Campagne des Russes. — Départ de Smyrne. — Iles Ioniennes. — Arrivée à Corfou. Départ des ambassadeurs pour la Grèce. — Expédition de la Morée. — Arrivée en Italie. 339

www.ingramcontent.com/pod-product-compliance
Lightning Source LLC
Chambersburg PA
CBHW050314170426
43202CB00011B/1888